KB179853

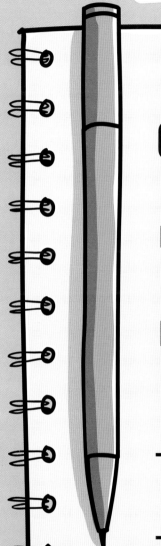

애로우잉글리시

동사 혁명

거꾸로 잘못 배운
동사 바로잡기

최재봉 지음

애로우 잉글리시 동사혁명

지은이 최재봉
펴낸곳 애로우 잉글리시
등록 2013년 1월 18일
주소 서울 강남구 역삼동 831-24 예미프레스티지빌딩 3층 (135-080)

기획 및 책임 편집 김병식
편집디자인 최애경, 윤지은
일러스트 이승철
관리 · 마케팅 김혜영

초판 1쇄 2018년 2월 12일 발행
ISBN: 978-89-98811-11-2

값 16,000원

Prologue

1. 영어공부의 지름길은 없는가?

주위를 둘러 보면 영어에 대한 학습 방법과 학습 교재는 홍수처럼 우리를 덮치고 있습니다. 숨이 콱 막힐 정도입니다.

하지만 매년 새해가 될 때 마다 우리의 새해 다짐은 **영어 완성!** 이지만 그렇게 보내온 해가 몇 년이 되는지 모릅니다.

극소수를 제외한 압도적인 다수가 여러 가지 원인으로 투입하는 노력 대비, 목적하는 학습 성과를 이뤄 내지 못하고 있으며, 영어 정복을 위해 수 차례의 도전과 실패를 반복하면서 비용과 시간을 소비하고 있습니다.

그럼 진정 제대로 된 영어 공부법은 없단 말입니까? 아닙니다. 하늘이 무너져도 솟아날 구멍이 있다고 했지 않습니까? 분명히 방법은 있습니다. 왕도가 없다던 영어 공부에도 저비용의 고효율의 방법이 분명히 존재합니다.

그렇습니다.
영어 공부의 지름길은 있습니다.

무조건 시간만 많이 내서 공부한다고 효과가 있는 것은 아닙니다. 이제까지 영어 공부를 하는 데 있어서 가장 큰 문제점은 공부를 한다고는 했지만 그냥 생각 없이 이 방법, 저 방법 손만 조금씩 대다가 말고, 체계적이고 제대로 된 방법으로 한 적은 없었기 때문입니다.

이제 우리도 영어 공부를 함에 있어 영어의 핵심이 무엇인지를 잡아서 공부합시다. 다른 할 일 많고 시간 없는 여러분들을 위해 진정한 지름길을 알려주고자 합니다.

2. 단 하나의 '원리'를 이해하면
바로 말 만들기가 되는
유일한 학습법
애로우 잉글리시

1) 영어는 암기가 아니다.

모든 거의 모든 학습법과 교재가 주장하는 대로 무조건 좋은 문장을 많이 외운다고 영어가 될까요?

기본적으로 어느 나라 말이든 간에 대화를 한다는 것은 매끈하고 좋은 표현을 암기해서 내뱉는 것을 의미하지 않습니다. 정형화된 몇몇 문장들을 외워서 기계적으로 말한 것을 가지고 제대로 된 회화를 했다고 볼 수 없습니다. 또한 문장들을 아무리 많이 외워 봤자 실전에서 써먹지 못하는 경우가 허다합니다.

우리나라 사람들의 **영어**가 얼마나 황당한지 **아시는지요?**

외운 문장을 구사할 때는 유명한 연설가나 위인이 구사한 명문장이고, 그 외에는 유치원 수준의 영어이니 원어민이 듣고 얼마나 당황해 할까요? 아마 어느 영어가 우리의 본 영어인지 헷갈려 할지도 모릅니다. 입사 원서에 첨부된 영어 자기 소개서는 거의 모두가 천편일률적인 인생을 산 것처럼 문장이 너무나 유사합니다. 시중 참고 서적과 인터넷 검색을 통해 만든 짜집기 영작의 결과 이기 때문이지요. 하지만 여전히 문장 암기, 표현 짜집기식의 영어 공부를 답습하고, 그것이 최고인 양 착각하고 있는 것이 우리의 영어 공부의 현실입니다.

2) 단순한 법칙 - 주어에서부터 가까운 순서대로 단어를 늘여놓는다

다른 나라 사람들에 비해 영어 공부에 정말 열심인 우리 한국인의 영어 실력이 왜 낮을 까요? 굳이 전세계 토익이나 토플 시험 성적 비교표를 들이대지 않아도 이미 다 아는 얘기이지요. 왜 한국인은 영어에 그렇게 많은 투자를 하고도 영어 실력은 낮을까요?

"영어와 한국어가 왜 어순이 반대인가?"를 먼저 생각해 보지 않고 그냥 무조건 다르니깐 외우자는 식의 막무가내 공부가 문제였던 것이다.

국어나 일본어에는 **"은, 는, 이, 가, 을, 를"**과 같이 그 단어의 쓰임새를 알려주는 조사가 발달되어 있기 때문에 문장의 어순이 바뀌어도 그 뜻을 전달하는 데는 크게 문제가 없습니다. 하지만, 영어에는 조사가 없기 때문에 어순이 바뀔 경우 전달하고자 하는 뜻이 왜곡되거나, 이상한 말이 되고 맙니다. 그래서 영어에는 단어가 놓은 위치, 순서가 목숨과도 같습니다.

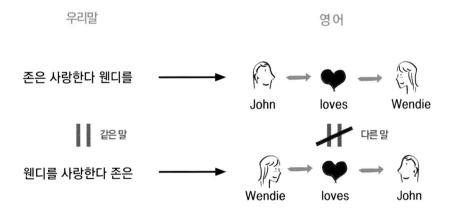

이처럼 영어에서는 어순이 의사 전달에 극히 중요하게 작용하므로, 영어 문장은 순서대로 정보가 표현되고, 수용되어야 되는 구조로 될 수 밖에 없다. 이렇게 언어적 구조가 다른 것은 좀 더 심층적으로 분석해 보니 사고방식의 차이 때문임을 발견하게 되었습니다. 그리고 나아가 사고방식에도 단순한 법칙 자체라는 것을 알게 되었습니다.

그 법칙의 핵심은 "**영어 문장은 주어를 중심으로 순서대로 확장되는 구조로 되어 있다**"라는 것입니다. 조금 더 풀어서 말하면, 주어, 즉 기준이 되는 주체로부터 물리적으로 가까운 것으로부터 먼 순서대로, 철저히 논리적 단계를 밟아가며 한 단어 한 구절이 배열되어 나가는 구조가 영어 문장의 구조라는 것입니다.

"**주어**에서부터 **가까운 순서**대로 **단어를 늘여놓는다**"
이 이상 어떤 규칙도 없습니다.

John loves Wendie

"멋진 표현을 암기하여 말하지 않더라도 생각대로 바로 말을 만들 수 있는 영어"가 사실 우리가 해야 할 영어의 목표이고, 이러한 영어의 가장 큰 핵심 비밀은 바로 '**주어에서부터 순서대로 단어를 배열하는 힘**'에 있습니다. 이러한 영어는 영어의 사고 방식부터 제대로 이해할 때 내 것이 되는 것이지 1형식, 2형식 하면서 5형식을 암기해서는 절대 불가능합니다. 영어는 암기 과목이 아니라 이해 과목입니다. 그래서 무조건 목숨 걸고 열심히 외우고 난리 치지 않아도 제대로 잘할 수 있게 되어 있는 것이 영어입니다.

3) 어! 영어가 단어 순서대로 그림을 그리네!

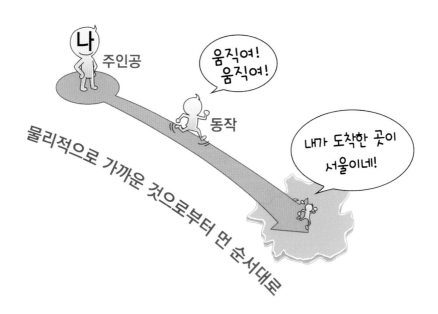

이처럼 "**영어 문장은 주어를 중심으로 순서대로 확장되는 구조로 되어 있다**"라는 명제를 중심으로 주어, 즉 기준이 되는 주체로부터 물리적으로 가까운 것으로부터 먼 순서대로, 철저히 논리적 단계를 밟아가며 한 단어 한 구절이 배열되어 나가는 구조가 영어 문장의 구조라는 것을 알고 난 후 열심히 새로운 차원으로 영어 공부를 해나가던 중 어느 날 문득 내 눈에 사진과 그 밑에 쓰인 기사가 눈에 띄었습니다.

"**그게 무슨 특별한 발견이냐?**"라고 의아해 하시겠지만 실제로 이 사진 기사가 내 영어에 대한 안목이 달라지게 만들었습니다. 그건 바로 "**영어가 주어에서 순서대로 그림을 그린다**"는 사실이었습니다.

A helicopter flies above the car and people in the port.

위와 같은 신문 사진 기사를 만났습니다. 문득 문장과 사진을 매치 시켜 보았습니다. 그랬더니 다음과 같은 그림이 되는 것이 아닙니까!

예전에 어떠했습니까?

그냥 예전에 하던 대로 문장을 한 번 해석해 보시지요.

A helicopter flies above the car and people in the port.

"한 헬리콥터가 항구 안에 있는 차와 사람들 위로 날고있다."

이 정도로 해석을 했다면 썩 괜찮은 해석이라고 볼 수 있습니다. 하지만 정확히 문장 제일 뒤에 있는 the port로부터 거꾸로 거슬러 올라오며 이해하는 것이 참으로 놀라울 따름입니다.

우리는 학교 다닐 때 **"영어는 한국말과 거꾸로다!"** 라고 단정적으로 교육을 받았습니다. 그래서 우리네 영어 실력의 척도는 늘 얼마나 잘 번역을 하는가, 얼마나 잘 거꾸로 뒤집어서 매끄럽게 우리말로 잘 만드는가에 주안점을 두었습니다.

함께 지난 학창 시절의 영어 수업 시간을 생각해 봅시다. 영어 수업 시간만 되면 그 놈의 해석 때문에 다들 두려움에 떨지 않았습니까? 오늘 날짜가 **12일**이라는 이유 하나만으로 **"2번, 12번, 22번, 32번, 42번"** 내리 차례차례 희생양이 됩니다. 그때 가장 칭찬을 듣는 학생은 다름 아닌 **"뒤에서부터 멋지게 번역"**해 올라오는 학생이었습니다. 그런데 요즘중, 고등학교에서도 10년, 20년 전과 전혀 달라진 것이 없이 똑같다는 사실이 더욱 슬프게 합니다.

그러나 막상 그 영어를 사용하는 사람들을 생각해 보신다면, 말하는 사람이나 듣는 사람이나 말을 하면서 거꾸로 역 주행하여 해석할 리는 절대로 없지 않을까요?

결국 우린 영어를 우리 식으로, 아전인수 격으로 해석해 온 것입니다. 바로 문제는 이것입니다. 영어 자체는 죄 없습니다. 그저 우리 식으로 뒤에서부터 순서를 거슬러 멋지게 변신시켜 버린 우리네 영어가 문제일 뿐입니다.

하지만 이제까지의 습관은 버리고 앞의 사진에서 처럼, 주어에서부터 순서대로 해석을 해보면 어떨까요? **"헬리콥터 ▶ 날다 ▶ above 위에 있고 아래 있는 것은 ▶ 차와 사람들 ▶ in 안에 있고 둘러싼 것은 ▶ 항구"** 이렇게 영어 문장을 바라보니 앞에서 순서대로 차근차근 이해를 해도 가능하다는 생각이 들지 않나요? 그리고 이렇게 순서대로 이해하는 방식이 이상한 방법이 아니라 당연한 것처럼 느껴지지 않는지요?

그리고 더 나아가 영어가 단어 순서대로 그림을 그리고 있는 것이 보이시지 않나요?

이 원리를 이해하는 순간부터 나는 영어를 단어의 순서대로 한국말로 해석하던 수준에서 더 나아가 아예 한국말로 해석을 거치지 않고 바로 영어로 이해하게 된 것입니다. 참으로 흥분되는 순간이었습니다. 이때부터 영어를 바라보는 관점이 글자에서 그림으로, 이제 시각화가 된 것입니다. 그리고 보니 사람들은 글자가 아니라 그림으로 정보를 축적한다는 사실이 새삼 다시 느껴졌습니다.

언어가 무엇이라고 생각하십니까?

자신이 보거나, 생각하거나, 처한 어떤 상황을 다른 사람에게 전달해 주기 위해서 사용하는 것이 말이라고 생각합니다. 그 과정에서 도구로 글자를 이용하건 소리를 이용하건 또는 수화를 이용하건, 모스 부호를 사용하건 간에 목적은 똑같습니다. 바로 자신이 눈으로 본 그림을, 상황을 다른 사람 머릿속에 그대로 그려 주고 이해하도록 하기 위함입니다. 그 반대로 다른 사람의 생각을 내 머릿속에 그리고 이해하기 위한 과정이 바로 읽기와 듣기입니다. 결국 말하기든, 읽기든, 듣기든 이 모든 과정은 궁극적으로 머릿속에 그림을 그리는 것입니다.

영어란 언어는 한국말 순서대로 거꾸로 뒤집어서 마침표에서부터 어떻게 번역을 해봐야 하는 골칫덩어리가 아니라 위와 같이 단어 순서대로 멋진 그림을 그리는 그리기 도구와 같습니다.

4) 영어는 그림을 넘어서 동영상이다 - 원어민 언어 습득의 근본 원리

필자는 항상 모국어 방식으로 영어를 배운다는 것이 무엇일까 궁금했습니다. 왜 우리가 영어를 배우는 것하고 그네들이 영어를 배우는 것이 차이가 있을까? 그러나 지성이면 감천이라고 그 해답도 어렵지 않게 찾을 수 있었습니다.

예를 들어 지금 엄마가 아이에게 우유를 먹이는 장면을 생각해 보십시오. 엄마가 그냥 아무 말도 없이 우유병을 아이에게 들이밀고서 먹으라고 몸짓만 하지는 않을 것입니다. 아이에게 따뜻하게 사랑을 담아 말을 합니다. 그리고 이때도 엄마는 일단 말만 먼저 하고 우유병을 뒤에 물려 주는 것이 아니라 말을 하는 동시에 동작을 취합니다. 이와 같이 엄마와 아기의 경우를 보면 영어 단어와 그 단어에 해당하는 동작이 동시에 붙어서 진행이 됩니다. 처음엔 아이가 그저 엄마가 말해 주는 **milk**에 우유만 결합시키다가 나중에서 **drink a bottle of milk**와 같이 여러 단어들을 조합해서 순서대로 동작과 연결시킬 수 있게 됩니다. 영어가 "**단어 순서대로 동작을 취하는 동영상**"으로 발전하게 된 것입니다.

보통 미국에 가면 아이들은 개인차가 있긴 하지만 6개월 정도가 지난 시점부터 영어를 좀 하게 됩니다. 어떻게 이 아이들이 이렇게 되는 걸까요? 부러울 뿐입니다. 하지만 그 이유를 알면 여러분도 그렇게 될 수 있습니다. 그냥 '미국에 6개월간'이 중요한 것이 아니라 핵심이 중요하지요. 사실 알고 보면 아이들은 수업시간 보다 친구들에게 직접적으로 영어를 배웁니다. 그 친구들이 원어민 엄마와 같은 역할을 해주는 것이다. 바로 동작을 통해 영어 단어에 그림을 붙여 주고 그것을 순서대로 구사하면서 아이들에게 살아 있는 영어 선생 노릇을 해주는 것입니다. 바로 **"영어는 동영상이다!"**라는 진리가 그대로 적용이 되는 순간입니다.

영어의 핵심은 영어라는 글자나 소리로 그림/이미지를 그리는 것입니다. 처음에는 하나의 단어에서 그 다음 몇 개의 단어로, 그 다음 구절로, 그 다음 문장으로 이미지를 확대하여 나중에는 한 편의 그림이 자연스럽게 머릿속에 그려지는 것이지요.

실질적으로 기본적인 원리를 알고 시작하는 것과 무턱대고 무조건 덤비는 것과는 큰 차이가 있다. 애로우 잉글리시가 바로 쓸데없는 시간의 낭비와 힘의 소모 없이 빠르고 쉽게 영어 공부를 할 수 있게 해 줄 것입니다. **영어가 단어 순서대로 그림을 그리고 나아가서 동영상**이라는 것을 안다면 영어가 웬수가 아니라 친구로써 쉽게 우리에게 다가 올 것입니다.

Contents

Prologue

영어공부의 지름길은 영어의 원리를 제대로 이해하는 것부터!

01

문법보다
원어민의 사고를 먼저 배워야 한다.

문법이란 것도 알고 보면 원어민의 사고방식대로 주어에서부터 순서대로 그림을 그려가기 위한 도구이기 때문에, '복잡한 문법용어'보다 말이 만들어 지는 원리가 먼저이다. 또한 주어에서부터 확장되는 사고의 핵심인 동사가 지닌 '힘의 방향'을 이해하면 암기없이 자연스러운 영어가 가능하다.

A volunteer receives money from a woman in the market.

문장을 보면 온갖 문법적 요소가 다 들어 있다. 아래에서 영어로 그래도 남겨 놓은 부분들은 문법적인 설명이 필요하지만, 그 나머지는 단어만 알면 되는 부분들이다. 일단 문법 다 모른다 치고, 그림에서 바로 인지되는 단어들 만을 가지고 이해를 시도해 보자. 물론 단어들과 그에 해당하는 사진의 부분들을 서로 1대1로 대응 시켜 나가면서.

한 자원봉사자 ▶ 받는다 ▶ 돈 ▶ from ▶ 한 여인 ▶ in ▶ 시장

어떤가? 영어 그대로 놓아둔 기능어 부분들을 빼 놓고도, 문장 순서대로 따라가면서 사진에서 직접 파악되는 단어들을 하나하나 대응시켜 보니 전체적인 그림이 머릿속에 대충 그려지지 않는가? 이렇게 단어들만 순서대로 배열해 놓아도 어느 정도 이해가 될 수 있는 이유는, **영어 문장이 주어(한 자원 봉사자)에서부터 한 단계 한 단계 확장해 나가면서 한 폭의 그림을 그려내기 때문이다.** 이러한 영어의 특성을 제대로 깨닫기만 하면, 때로 한국말보다 영어가 훨씬 더 쉬울 수 있다.

이제 기능어 부분들은, 문법적 의미를 고민하지 말고 사진의 장면에서 이미 파악된 단어와 단어 사이를 그저 자연스럽게 연결한다는 기분으로 이해를 시도해 보자. 사실 이 기능어 부분들은 여러분이 학교 문법시간에 지겹도록 배운 전치사, 접속사, 관계사, 분사구문들이다. **그러나 문법이란 것도 알고 보면 원어민의 사고방식대로 주어에서부터 순서대로 그림을 그려가기 위한 도구이며, 단어와 단어를 자연스럽게 연결해주는 가장 효과적이고 유용한 도우미들일 뿐이다.** 깊이 있는 분석을 요구하는 학습과 연구의 대상이 아니란 얘기이다.

사진만 보아도 그냥 문장이 저절로 이해된다.

먼저 제일, 처음 나온 단어가 '한 자원 봉사자'이다. 그 자원 봉사자가 하고 있는 동작을 보니 '받고 있다'. 그리고 받는 것이 무엇인가 보니 '돈'이다. 그 돈의 출처가(from) 어딘가 하면, '한 여인'이다. 그리고 그 일이 벌어지는 장소는(in) '시장'이다.

자, a volunteer(한 자원 봉사자)에서부터 시작해서 죽 이어져서 마지막 '시장'까지 확장되는 한 편의 움직이는 그림이 자연스레 나타난다. 전체 그림의 동선을 주의 깊게 음미해 보시기 바란다. 주어에부터 단어가 나열된 순서와 사진 속에서 주어로부터 시작된 동선이 한 치도 어그러짐 없이 착착 일치되어 나가는 게 보이지 않는가? 아무리 복잡한 문장들이 뒤섞여 있는 듯해도, 이렇게 **일련의 부분들이 차례차례 이어지면서 한 편의 움직이는 동영상을 만들어내는 것이 영어**이다. 한 자원봉사자로부터 시작해서 그의 내민 손을 따라 돈을 만나고 그 돈과 또 이어진 출처를 따라 이어진 이해의 동선을 통해, 전치사라는 문법 용어를 사용하지 않고도 주어에서부터 자연스럽게 물 흐르듯이 순서대로 이해가 가능하다는 얘기다.

동사가 지닌 '힘의 방향'을 이해하면
암기없이 자연스러운 영어가 가능하다.

주어에서부터 물 흐르듯이 순서대로 흘러가는 영어의 특성에 따르면, 동사에 이어서 뒤에 어떤 전치사가 와야 할지 거의 예측이 가능하다. 그래서 기존에 여러분이 '숙어'라며 동사와 전치사를 한 세트로 암기했던 것은 사실 그렇게 할 필요가 없던 헛수고였다. 영어를 배우는 데 '숙어'란 말은 필요가 없다.

영어에서 동사를 보면 가장 먼저 생각해볼 것이 **힘의 방향**이다.

주어에서 나오는 힘이 미는 힘(**push**)이거나 주는 힘(**give**)이거나 앞으로 전진 하는 힘 가다(**go**)또는 달리다(**run**) 통상적으로 앞을 향하는 **to, into, toward**가 오게 마련이다.

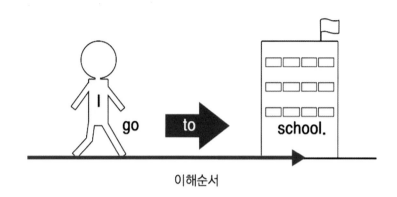

이해순서

push / go / run　~　to / into / toward

그래서 화살표 ➝ ➝ 와 같이 힘이 앞으로 연속적으로 죽 이어지게 된다.

반대로 주어에서 나오는 힘이 앞으로 당기는 힘(**pull, draw**)이면 뒤에 힘을 받는 대상은 앞쪽으로 당겨지니, 뒤에 올 전치사는 그 대상이 앞쪽으로 움직여온 출발지를 나타내는 **from**이 오게 마련이다.

pull / draw　~　from

화살표 ⬅ ⬅ 가 이렇게 연속으로 이어지는 느낌이다.

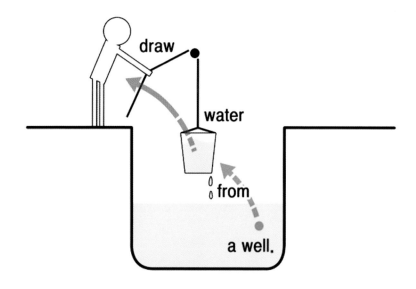

이렇게 **동사와 전치사가 세트로 연결되는 힘의 연결**을 눈여겨보면 영어가 더욱 쉬워진다. 주어에서부터 순서대로 단어를 늘어놓기만 하면 되는 영어의 단순한 기본 법칙을 더욱 깊이 있게 깨닫게 되어, 참으로 **읽는 순서대로 들리는 순서대로 머리 속에서 그림이 좌악 그려지게 된다.** 따라서 동사 다음에 꼭 어떤 전치사가 나온다고 암기할 게 아니라 그냥 힘의 연속성만 염두에 두면 동일한 방향의 전치사 종류 가운데 내가 마음먹은 대로 선택해서 말을 만들 수도 있게 된다. 이와 같은 원리를 본문의 사진에 적용하면 다음과 같다.

영어란 주어에서부터 순서대로 그림을 그려나가는 언어이고, 그 사이 사이에서 순서대로 이해의 동선을 연결해 주는 말들이 있을 뿐이라는 것을 실감나게 느끼기 위해서 이번에는 사진에서 주어를 달리해서 말을 만들어 보자.

주어를 한 여인(a woman)으로 해 보자. 그래서 편의상 주어가 왼쪽에부터 순서대로 나오도록 그림을 돌려서 놓았다.

자 동선을 따라가 보자.

주어가 한 여인(a woman)이다. 그리고 그 여인이 하는 동작이 놓는다(put)이다. 그렇게 놓는 대상이 바로 돈(money)이다. 돈이 안으로 쏙 들어간다(into) 그렇게 들어간 곳이 바로 깡통(can)이다. 그 돈이 쓰여 지는 대상은(for) 바로 자원 봉사자 유니폼에서 보여 지듯이 적십자(the Red Cross)이다.

이제 이 순서대로 단어를 나열해 보자.

A woman puts a money into the can for the Red Cross.

이렇듯 문법을 몰라도 주어만 찍으면 그림과 함께 주어에서부터 순서대로 당연히 나올 말들이 나오게끔 해 나가다 보면 자연스럽게 영어가 이해가 되고 영어를 기존 문장을 암기하지 않아도 말이 만들어지게 되는 것이다.

우리가 영어를 하는 일차적인 목적은 한국말로 멋들어지게 '번역'하는데 있는 것이 아님을 분명히 할 필요가 있다. 그건 번역 전문가에게 맡기면 된다. 우리는 그저 영어를 읽거나 듣는 즉시 순서대로 알아듣고, 하고 싶은 말이 떠오르는 즉시 영어로 뱉어낼 수만 있으면 되는 것 아닌가.

앞으로 여러 그림들을 통해, 영어가 어떻게 생겼는지를 있는 모습 그대로 구경하자. 그 과정에서 주어에서부터 순서대로 머릿속에다 그림(상황적 이미지) 그리는 법을 배우게 되고, 동시에 원어민이 어떻게 사고하는지를 저절로 익히게 될 것이다. 그것이 곧 문법이다.

문법 모른다고 겁먹지 말자

- 온갖 복잡한 문법사항은 잠시 잊자.
- 그림에 구체적으로 이미지로 직접 나타나는 단어들을 중심으로 주어에서부터 순서대로 해당 부분들과 단어들을 1:1로 대응시켜보자.
- 문법적인 사항들은 단지 그 문장이 담고 있는 그림의 구성 요소들을 순서대로 연결해주기 위해 필요한 도우미쯤으로만 이해하자.

02

동사에서부터 이어지는 흐름을 파악하면 문법을 몰라도 문장이 저절로 이해된다.

주어에서 나오는 힘인 '동사'에서부터 이어지는 흐름을 파악하면 복잡한 문법 지식 없이도 자연스러운 영어가 가능하다.

A player (center) looks to pass under pressure from opposing players during the game in Philadelphia on Monday.

문장에서 특정 내용을 전달하는 단어와 단어를 연결해 주는 기능을 하는 단어들(전치사, 접속사, 관계사 등등)을 기능어라고 하는데 이러한 기능어들은 나중에 이해하기로 하고 먼저, 내용을 전달하는 단어들만 사진과 비교해 가면서 그림 순서대로 이해해 보자. 앞에서 다룬 전치사들은 그냥 바로 적용을 하자.

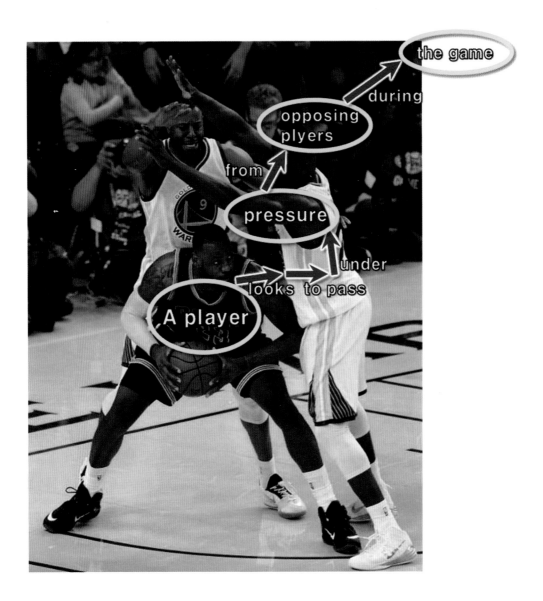

한 선수 ▶ 바라본다 ▶ to ▶ 패스하다 ▶ under ▶ 압력 ▶ from ▶ 상대팀 선수들 ▶ during ▶ 경기 ▶ in ▶ 필라델피아 ▶ on ▶ 월요일

어떤가? to, under, from, in, on을 군이 모른다고 하더라도 사진을 보면서 순서대로 전체를 이해하기에는 큰 무리가 없지 않는가?

이제 다음 단계로 표시한 기능어들을 사진의 도움을 받아서 이해를 시도해 보자. 집중 관심 대상은 **to, under**이다. 그냥 사진에서 이해 되는 의미 그대로를 파악해 보자는 것이지 절대 예전에 알고 있던 의미들을 적용해서 거꾸로 꿰어 맞추자는 것이 아니다.

한 선수 ▶ 바라본다 ▶ to(나아가서 하고자 하는 바는) ▶ 패스하다 ▶ under(아래에 있고 위에 덮고 있는 것은) ▶ 압력 ▶ from(출발점은) ▶ 상대팀 선수들 ▶ during(이때 진행되는 일은) ▶ 경기 ▶in(장소는) ▶ 필라델피아 ▶ on(때는) ▶ 월요일

이제 주요 부분을 세부적으로 좀 더 깊이 있게 살펴보자.

A player looks to pass

사진에서 공을 잡고 있는 흰색 유니폼을 입은 선수가 주어이다. 이 선수를 시작으로 동사가 연속 2개가 나왔다.

'**바라보다 ▶ to ▶ 패스하다.**'이다. 사진상으로 파악되는 바는 한 선수가 바라 보고 있는데 막 어디론가 패스를 하려는 상황이다. 이렇게 사진을 통해서 파악되는 to는 '나아가서 하고자 하는 바는'의 의미가 되어서 '패스하다'라는 다음 동작을 기다린다.

사진을 통해 원어민의 사고의 흐름으로 살펴보니 to가 예전에 여러분이 알고 있던 대

로 to 뒤에 오는 단어와 거꾸로 연결 지어 '~로' 또는 '~에게' 등의 의미가 아닌 것 같다는 생각이 불현듯 들지 않는가?

그렇다 to는 원어민의 사고의 흐름이 주어에서부터 확장되어가는 직선 구조임을 나타내는 대표적인 말이다. A to B의 경우, 그 기본 개념인 'A가 일정 방향으로 나아가, 도달하는 지점은 B'라는 것만 확실히 꿰고 있으면 문제없다. 간단하게 어떤 목표를 향하여 나아간다는 의미에서 이미지 ➡ 로 기억하자.

다른 몇 예문을 살펴 보자.

He is traveling to Boston.

'그는 보스턴으로 여행중이다.'가 아니라 '여행하는' 동작이 먼저이고 그렇게 해서 '나아가 도달하는 곳'이 바로 '보스톤'이다. 이처럼, to를 이해하는 올바른 방법은 **나아가서 도달하는 지점은**'이라고 하고 다음 말을 기다리면 된다. 개인적으로 이렇게 새로운 의미를 만들어 내는 것 보다 그냥 이미지 자체인 ➡ 를 적용하면 더 쉬운 것 같다.

to의 기본 의미가 '나아가 도달하는 지점은'이고 ➡ 로서 간단히 나타낼 수 있기 때문에 연속되는 동사와 동사 사이에 놓이기에 가장 적합한 말이다.

look to pass에서 보니 '바라 보다'와 '패스하다' 두 동작이 일어나는 순서대로 배열 되었다. 이렇게 '주어에서부터 가까운 순서대로, 움직이는 순서대로'라는 영어의 원칙은 동사와 동사가 연속적으로 이어지는 경우에도 여전히 지켜진다. 이러한 영어의 원칙의 일관성으로 인해 영어가 쉽다.

두 개의 동사가 겹쳐서 나올 때, 그 두 동사 가운데 주어를 중심으로 가까운 것부터라는 원칙으로 인해, 주어의 마음속에 있거나, 머리 속에 있는 동사가 몸을 움직여 취하는 동작보다 선행하게 되고, 둘 다 몸을 움직여 하는 동작일 경우는 먼저 일어나는 동작이 당연히 먼저 오게 된다. 그리고 또한 주어의 능력이나 가능성에 대한 동사가 다른 동사보다 먼저 오게 됨도 당연한 순서이다.

내가 더 열심히 일하기로 맹세했다고 하자. 우리말의 어순구조에서는 '열심히 일하는 것'이 '맹세하다'보다 먼저 나온다. 하지만 영어는 'I vow to work harder'로 '맹세하다'가 '일하다' 보다 먼저 나온다. 그 이유는 바로, 항상 주어를 시작점으로 해서 순서대로 확장되어 나가는 것이 영어이기 때문이다. '맹세하다'는 주어의 마음 속에서 일어나고, '일하다'는 주어의 몸이 하는 동작이기에, 당연히 '**나 ▶ 맹세하다 ▶ 일하다 ▶ 더 열심히**'의 순서가 영어다운 순서이다.

이렇게 마음속에서 일어나는 것과 관련된 동사들에는 **want**(원하다)/ **intend**(의도하다)/ **expect**(기대하다)/ **wish**(바라다)/ **hope**(희망하다)/ **seek**(구하다)/ **long**(고대하다) 등이 있다.

이런 동사들 뒤에 to가 사용 되는 이유는, 원하고 바라는 것과 그것의 실현 사이에는 시간적 공간적 간격이 있기 때문이다. 맹세하는 순간 그 즉시 열심히 일하는 상황이 벌어지는 게 아니고, 두 과정이 어이지는 ➡ 의 간격이 필요하기 때문이다.

under pressure from opposing players

지금까지 'under~'는 늘 뒤에 오는 말을 기다렸다가 '~아래에'라고 거꾸로 해석을 해 왔을 것이다.

그런데 사진을 한번 보자.

순서가 **A player looks *to* pass ▶ *under* ▶ pressure**이다.

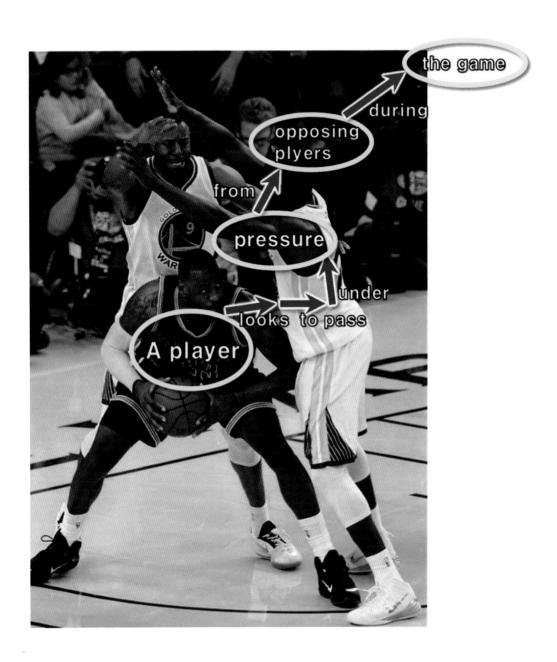

the game

during

opposing plyers

from

pressure

under

looks to pass

A player

한 선수가 **looks to pass** 하는동작들을 하고 있고 그 다음에 이어서 **under**가 나오고, 그리고 난 뒤 주변 상대편 선수들이 만들어 내는 **pressure**(압력)가 왔다.

주어가 있는 위치가 아래쪽이고 그 위에 압력이 존재한다. 이처럼 주인공을 기준으로 움직이는 순서대로, 가까운 순서대로 나아갈 때 위로 올려다 보는 상황이다. 이런 원칙에 근거해서 순서대로 파악해 나가야만 영어가 제대로 이해가 된다.

영어가 생긴 모습 그대로 보고 이해해 보면, **under**라는 의미는 주어가 있는 위치가 '아래'이고 '위에 덮고 있는 것'이 무엇인지를 기다리는 말이다. 간단히 하면 '아래쪽에 있고 위에 덮고 있는 것은'이다. 차례대로 읽어나가면 **under** 뒤에는 당연히 위에서 덮고 있는 것이 무엇인지가 나오게 마련이므로 '위에서 덮고 있는 것은'하고 다음 말을 기다리면 된다.

그래서 본문은 '**한 선수 ▶ 바라보다 ▶ 나아가 하고자 하는 바는 ▶ 패스하다 ▶ 아래쪽에 있고 위에 덮고 있는 것은 ▶ 압력**'이라고 이해가 된다.

그리고 나서 이어지는 말이 **from opposing players** 이다. 사진에서 보면 위에서 덮고있는 **pressure**(압력)을 만들어낸 출처가 상대편 선수들이다. 압력과 상대편 선수들의 관계를 **from**이란 전치사로 표현했다. 덮고 있는 압력이 나아왔고, 그 출처가 바로 '상대편 선수들'이란 말이다.

during the game in Philadelphia on Monday.

During도 당연히 앞에서부터 순서대로 이해를 하면, '~ 하는 동안에'가 아니라 '앞에 일어난 일과 **동시에 진행 되는 일은~**'이라고 하면 된다.

while도 동시에 일어나는 일은 ~'의 의미라서 **during**과 거의 동일한 의미이지만 차이는 **during** 뒤에는 단어가, **while** 뒤에 문장이 온다는 점이다.

전체적인 그림을 죽 순서대로 다시 살펴보자.

주어인 한 선수에서부터 그의 눈을 거쳐, 위로 올라가 두 팔이 만드는 아치를 만나고 그리고서 각 두 선수로 이동하고, 한참 진행되는 경기로 확장된다. 그리고 그 경기가 열리고 있는 장소로 이동한다.

이번에는 다른 그림을 가지고 해보자.

A firefighter tries to extinguish the forest fire because the fire was getting too close to residential areas.

원래의 문장 순서는

<u>A firefighter</u> <u>tries</u> <u>to</u> <u>extinguish</u> <u>the forest fire</u> <u>because</u>

❶   ❷ ❸   ❹   ❺   ❻

<u>the fire</u> <u>was getting</u> <u>too close</u> <u>to residential areas.</u>

❼   ❽   ❾   ❿

기존 거꾸로 방식으로 해석하면,

불이 ❼   주택 지역까지 ❿   너무나 ❾   가까워졌기 ❽   때문에 ❻

한 소방관이 ❶   산불을 ❺   진화하기 ❹   위해 ❸   노력한다 ❷.

    앞에서부터 순서대로 등장하는 영어 문장을 우리말로 해석만 하면 실타래처럼 엉킨다. 거듭 말하지만 지금까지 이렇게 공부해왔기 때문에 들리는 순서대로 바로 바로 이해가 되지 않고 생각하는 순서대로 말이 입 밖으로 나가지 못해, 듣지도 못하고 말하지도 못하는 귀머거리, 벙어리 영어가 되었던 것이다.

    자, 이제 앞에서부터 나열된 단어 순서대로 그림을 그려보자.

    그냥 단어 순서대로 그림을 그려보니 거꾸로 뒤집지 않아도 순서대로 이해하는 데 전혀 지장이 없지 않은가?

    여기서도 가장 중요한 부분이 바로 연속 되는 두 동작들이다.
try(노력하다)와 extinguish(진화하다)란 동작이다. 우리말로는 '진화하려고 노력하

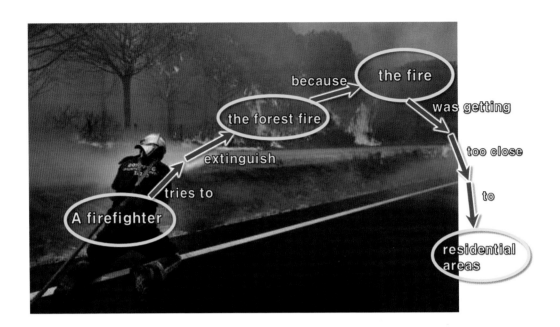

다'이지만, 영어식 사고로 바라보면, 주인공인 소방관으로부터 더 가까운 동작은 바로 마음으로 하는 '노력하다'란 동작이고, 그 다음에 나아가 하고자 하는 이어지는 동작이 '진화하다'이다. 그래서 먼저 **try**가 나오고 '나아가 하고자 하는 바'를 나타내는 **to**를 통해 **extinguish**로 나아가게 되는 것이다.

A firefighter(한 소방관) ▶ tries(노력하다) ▶to(나아가 하고자 하는 바는) ▶ extinguish(진화하다)

이렇게 순서대로 이해를 해 나가려고 하다 보면 'because ～'의 경우 '～ 하기 때문에'라고 뒤에서부터 거꾸로 뒤집어서 이해하려는 기존 방식에 문제가 있다는 것을 바로 알 수 있을 것이다. 단어가 나온 순서대로 이해하기 위해서, 아래와 같이 과감하게 **because**를 새로운 방식으로 '**이유는 ～**'이라고 이해 해보자.

A firefighter tries to extinguish the forest fire because the fire was getting too close to residential arears.

한 소방관 ▶ 노력하다 ▶ 나아가 하고자 하는 바는 ▶ 진화하다 ▶ 산불 ▶ 이유는 ▶ 불 ▶ 점점 나아갔다 ▶ 너무나 가까이 ▶ 나아가 만나는 대상은 ▶ 주택가들

이렇게 바로잡고 나니 단어 순서대로 앞에서부터 이해할 수 있게 되었다. 영어 문장 이해의 목표는 문장이 끝나자마자 머릿속에 한 장의 전체 그림을 완성하는 것이다.

03

동사에서부터 이어지는
자연스러운 흐름, 전치사

영어를 제대로 하기 위해서는 주인공에서부터 나오는 동작인 동사가 자연스럽게 앞으로 나아가면서 전치사로 연결되는 흐름을 이해해야 한다.

People turn around a pagoda.

이제 단어들을 나열된 순서대로 사진과 대조하면서 따라가 보자. 지금 우리는 영어에게서 영어를 배우고 있는 것이다. 원어민이 쓴 영어를 통해 영어를 어떻게 말하는지를 배우는 것이다.

이 문장에서 눈여겨볼 기능어는 **around** 밖에 없다.

사람들 ▶ 돈다 ▶ around ▶ 탑

'사람들'이 주어다. 그들이 하는 동작은 바로 **turn**이다. 그 다음에 **around a pagoda**
가 나왔다. 기존에 **around**에 대해 알고 있던 생각일랑 잊어버리고 그냥 사진을 보고 이해
를 시도해보자. 사람들이 도는 동작과 탑(**pagoda**) 사이에서 **around**가 어떠한 모양새를
하고 있는가? 둘러싸고 있는 모습'이다.

예전에 'around ~'라고 하면 뒤에 이어지는 단어를 거꾸로 ~ 에 넣어서 "~ 둘레에" 라고 했을 것이다.

그러나 사진에서 보듯이, 먼저 주인공인 **people** 사람들이 **turn** 도는데, 걸어가면서 둘러싸는 대상이 탑 **pagoda**인 것이다. **turn**란 동선에 그대로 이어서 **around**가 등장하고 그렇게 둘러싸게 될 때 그 대상인 탑이 나오는 것을 보면, 정말 영어가 주어에서부터 움직이는 순서 그대로 단어들이 나열된다는 확신이 들지 않는가?

around란 단어 자체를 뜯어보아도 'a+round'이다. 여기서 **a**는 어원으로 따져보면 **on**과 같은 의미이다. 앞의 단어가 붙어 있는 모습 자체가 round(둥글다)라는 것이다. 즉, **turn** 도는 움직임의 동선이 '둥글다'라는 말이다. 그렇다면 **around** 다음에 오는 말은 당연히 둥근 모양에 둘러싸인 것이 와야 한다.

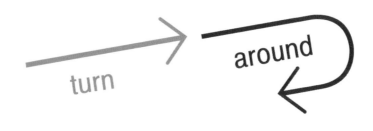

그래서 '사람들 ▶ 돈다 ▶ 빙 둘러싸고 있고 그 대상은 ▶ 한 탑' 이란 순서대로의 이해가 이뤄진다. 이제부터는 **around**는 '**빙 둘러싸고 있고, 그 대상은 ~**'이라고 이해하자. 하지만 이런 새로운 의미가 중요한 것이 아니라, 앞에서 그림으로 간략히 묘사 했듯이 그냥 '선으로 둘러싸는 동선이 나오고 그 안에 있는 뭔가가 있구나'라고 이미지로 이해하면 최상이다.

전치사의 바른 원어민식 이해

전치사는 일부 앞에서 살펴본 바와 같이 기존에 이해하던 방식에서 **180도 사고의 전환**이 필요하다. 이는 필자의 억지 주장이 아니라 원어민이 바로 그렇게 이해하기 때문이다. 문제는 'A+전치사+B'에서 항상 뒤의 B와 세트로 묶어 'B+전치사'식으로 '~ 전치사' 형태로 거꾸로 뒤집어서 해석해왔다는 데 있다. 그러나 전치사는 오히려 자연스러운 어순대로 앞의 A가 어떤 위치에 있는지를 알려주는 말이다.

주어에서부터 가까운 순서대로 단어가 나열되는 기본 원칙을 적용해보면, 예컨대 A의 위치가 '위'라면 다음에는 '아래'에 있는 'B'가 나오고, 앞 단어의 위치가 '안'이면 그 다음에는 그 '둘레'에 있는 것이 나온다.

그래서 'A+in+B'의 의미가 'A가 안에 있고 밖에서 둘러싸고 있는 것은 B'가 되는 것이다. 또한 앞 단어가 의미하는 위치가 '아래'라면, 다음에는 '위'에 해당하는 말이 오게 된다. below를 예로 들어 설명해보자.

A cat sits below the table.

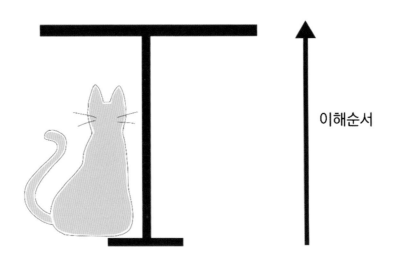

이해순서

이 문장에서 below는 고양이가 앉아 있는 위치를 알려주는 말이다. 이제껏 이 below를 보자마자 뒤에서부터 해석해서 '테이블 아래에'라고 하여, 전체 문장을 '테이블 아래에 고양이 한 마리가 앉아 있다'라고, 어순을 완전히 뒤집는 식의 억지 해석을 해왔다는 얘기다.

below는 먼저 등장한 앞 단어와 관련되어 이해가 되어야지, 뒤에 어떤 단어가 붙을지도 모르는데 어찌 뒤의 단어를 끌어다가 거꾸로 거슬러 역순으로 올라오며 해석을 한단 말인가?

읽기가 아니라 듣기의 상황에서 위 문장의 below까지만 발음된 상황을 생각해보라.
'~ 아래에'라고 이해해야 하기 때문에 뒷말이 발음되기 전까지는 아무런 해석도 못하고 다음 단어를 기다려야 한단 말인가? 그런 식으로 언제 원어민들과 즉각적으로 주고받는 대화가 가능하겠는가? 여러분이 한국어를 듣는다고 생각해 보라. 어느 누구도 상대방이 한 말을 죽 들어서 소리로 전체 문장을 기억했다가 저 뒤에서부터 거꾸로 거슬러 올라오면서 해석하는 묘기를 부리를 사람은 아무도 없을 것이다. 영어도 마찬가지이다. 그냥 앞에서부터 단어가 눈에 보이는 순서대로, 귀에 들리는 순서대로 바로 바로 그 단어들이 이해가 되어야 한다.

영어는 우리말보다 더 그렇게 순서대로 이해하는 것이 쉬운 이유는, 주인공에서부터 나오는 동작의 힘이 자연스럽게 앞으로 나아가면서 전치사로 연결되는 흐름을 보여주기 때문이다. 이런 자연스러움을 반영하여 만들어진 것들이 바로 전치사이다. 그래서 지금 가장 먼저 전치사를 원어민식 사고에 따라 새롭게 정의를 내려가고 있는 것이다.

게다가 전치사는 대부분 그 자체만 유심히 잘 살펴봐도, 앞 단어와의 연관이 더 중요하다는 것을 알 수 있다. 그렇게 하면, 뒤에 나오는 단어와의 관계는 자동으로 이해된다. below는 'be+low'이다. 바로 앞 단어가 존재(be)하는 곳이 아래(low)임을 나타낸다. 그렇게 이해하고 나면, 순서당 당연히 그 위쪽에 있는 것이 이어져 나오게 되는 것이다. 그래서 영어가 순서대로 나열되는 원칙에 따라 **below** 다음에 '위쪽에 있는 것'이 무엇인지 직접 오게 된다. 따라서 '**고양이 ▶ 앉아 있다 ▶ (그곳이 아래이고 그 위에 있는 것은) ▶ 테이블**'이라고 순서대로 이해하면 된다. 훨씬 더 쉽지 않은가? 예를 하나 더 살펴보자.

Children below the age of 13 are not allowed to see the movie.

13세 이하의 어린이는 이 영화를 볼 수 없다고 안내하는 내용으로 영화관에 가면 붙어 있을 법한 안내문이다. 여기서 '아이들'과 '나이'의 위치 관계를 살펴보자.

Children below the age of 13을 '13살 아래의 어린이들'이라고 매끈한 한국말로 옮기고 싶겠지만, **영어를 제대로 하기 위해서는 우리말로는 어색하더라도 영어 사고방식 자체로 이해해야만 된다.**

어린이가 있는 위치가 **be+low** 즉, '아래'에 존재한다는 얘기다. 그리고 나서 위에 있는 것이 등장하는데, 그것이 바로 '나이'이며, 13세이다. 그래서 **Children**이 아래에 있어서 13세에 못 미쳤다면, 허락이 안 된다는 얘기다.

전체적으로 죽 순서대로 이해를 해 보면 어린이들이 있는데 아래에 있고, 위에 있는 것이 나이인데 '13살'이다. 그 아이들에게 허락이 되지 않는 행위가 '보는(**see**)'것이며, 그 대상이 '그 영화(**the movie**)'이다.

이번에 전치사 **beneath**를 가지고 원어민식 전치사에 대한 이해를 더욱 분명히 하도록 하자.

Visitors walk beneath a passing shark at the aquarium.

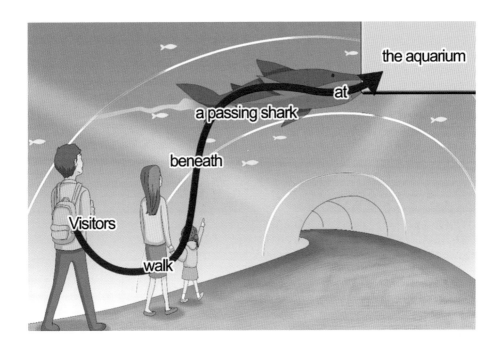

큰 수족관을 방문한 적이 있다면 이해하기 쉬울 내용이다. 수족관의 백미가 바로 해저 터널이다. 수족관 가운데에 통로를 만들어 지나가는 관객들이 마치 바다 속을 거니는 느낌을 가지게 해준다. 예문이 바로 그 장면이다.

여기서 beneath a passing shark를 '~ 바로 아래에'식 해석을 이용해 '한 마리의 지나가는 상어 바로 아래에'라고 하고 싶겠지만, 영어의 바른 이해는 당연히 먼저 나온 단어인 beneath를 이해하고 다음에 등장하는 a passing shark로 시선을 옮겨가야 한다. 장면을 굳이 상상해보지 않아도, 당연히 beneath는 관객이 걸어가는 그 위치가 '아래'임을 알려준다. 그리고 나서 그 위에 있는 것이 상어이다. 관객들이 걸어간다. 그리고 머리 바로 위에는 한 마리의 지나가는 상어가 있고, 그 위치는 수족관이다.

beneath 역시 'be(존재하다)+neath(아래)'로서, 앞 단어의 위치가 '바로 아래'임을 뜻한다. (neath는 어원상 '아래'라는 뜻의 nether에서 유래된 말이다. 그래서 Netherlands는 'nether+lands'로서 바다 아래에 있는 땅, 즉 해수면보다 낮은 많은 국토를 가진 네덜

란드이다. **nether lip** 하면 아랫입술이고, **the nether world**하면 아래에 있는 세상 즉, 지옥이다.)

beneath의 바른 의미는 '**(아래이고) 바로 위에는 ~**'이다. 그래서 Visitors walk beneath a passing shark는 '방문객들 ▶ 걷다 ▶ (아래이고 바로 위에 있는 것은) ▶ 한 마리의 지나가는 상어'로 이해되어야 한다.

전치사의 원어민식 이해

'A+전치사+B' : 전치사는 A와 B사이의 시공간적 위치, 방향, 움직임, 상호 영향력의 관계를 보여주는 연결고리다. 그래서 이를 해석할 때 '**B+전치사**'식으로 해서는 안 된다. 여기서 중요한 것은 어순 그대로 시점이 이동해가면서 이해해야 한다는 점이다. 예컨대 'A+under+B'의 경우 'B 아래에 A'가 아니라 'A가 아래에 있고, 위에서 덮고 있는 것은 B'로 이해해야 된다는 말이다. 같은 상황을 말하는 것이지만, 이해의 순서가 단어의 배열 순서와 일치되게 나아가야 한다는 것이다.

A+around+B : A가 빙 둘러싸고 그 안에 있는 것은 B

I run around the park every morning.
(나 ▶ 달린다 ▶ 빙 둘러싸고, 그 안에 있는 것은 ▶ 공원 ▶ 매일 아침)

Memo

04
전치사의 원어민식 이해

영어를 제대로 이해하기 위해서는 그동안 거꾸로 뒤집어서 이해했던 전치사의 방향을 주어에서부터 순서대로 바로잡아야 한다.

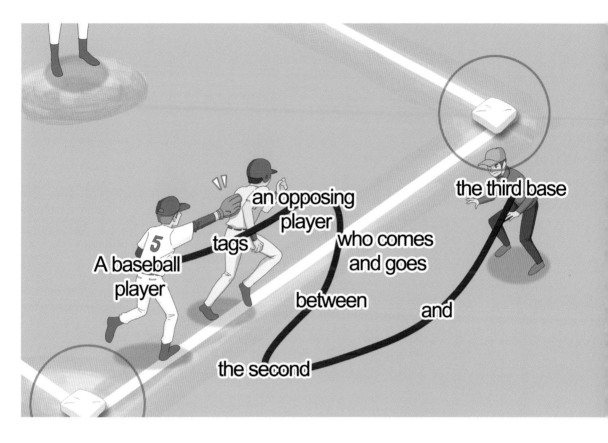

A baseball player tags an opposing player who comes and goes between the second and the third base during the game.

야구 선수(왼쪽) ▶ 터치아웃하다 ▶ 상대편 선수 ▶ 그 선수가 ▶ 왔다 갔다 하다 ▶ between ▶ 2루와 3루 베이스 ▶ during ▶ 게임.

그림의 왼쪽에 있는 선수가 손을 뻗어서 터치 아웃을 하고 있으며, 그 손길을 피해서 아웃이 안 되려고 필사적으로 도망가고 있는 사람이 그림에서 오른쪽 선수이다. 아직 관계사 who 같은 내용은 원어민 방식으로 아직 다루지 않았지만 그냥 앞에 나온 사람에 이어서 계속 앞으로 나가면서 다시 조금 더 설명을 하기 위해 사용하는 말 정도로 생각하면 간단하다. 본문에서는 '**그 선수가 ~**' 이렇게 나아가면서 자연스럽게 해석하면 된다. 그 선수가 하는 행동을 보자. 터치 아웃 당하지 않으려고 '왔다 갔다' 하고 있다.

그리고 나서 between이 등장했다. 여기서 대한민국에서 영어를 배운 사람이면 누구나 다 '**~와, ~사이에**' 라고 바로 튀어 나올 것이다. 그러나 야구를 한번이라도 본 적이 있다면 먼저 상식선에서 between에 대한 원어민 감각을 찾아보자.

야구 경기에서 주자가 주루 플레이를 하려고 왔다 갔다 하다가 잘못해서 투수나 포수가 던진 공에 아웃 당하는 장면을 생각해보자. 그때 아웃 당하는 선수의 위치는 어디일까? 왔다 갔다 하는 동작은 당연히 어딘가의 사이에서 하는 동작이지 않은가?

그래서 between 이라는 전치사의 의미는 바로 '사이'이다. 바로 이 지점이 between 이다. between은, 주자(오른쪽 선수)가 있는 위치가 '사이'라는 것을 말해주므로 뒤에 와야 할 말은 당연히 그 '양 쪽'에 있는 것들이다. 그 양 쪽에 있는 것들이 '2루와 3루 베이스'인 것이다.

an opposing player who comes and goes between second and third base

항상 주어의 입장에서 가장 주요한 관심사는 '주어의 위치가 어디냐?' 이다. 아래 그림에서 주어의 위치는 바로 '사이에 끼여' 있다. 양편에 있는 것들이 무엇인지를 알기 전에 주어는 이미 벌써 자신이 어디 사이에 있다는 것을 먼저 느끼고 있는 것이다. 그리고 난 뒤 양쪽에 존재하는 것들의 정체를 알게 되는 순서이다.

어원을 따져보면, 이는 더욱 분명해진다. between은 'be+tween'이다. tween은 twin(쌍둥이)과 비슷하게 생겼다고 생각되지 않는가? 바로 어원이 'two'이다. 그러니 between은 앞 단어가 위치해 있는 그 양 옆에 있는 것들이 무엇인지를 기다리는 말이 된다. 간단히 between은 '**양쪽에 있는 것들은 ~**'이라는 의미로 이해를 하면 된다.

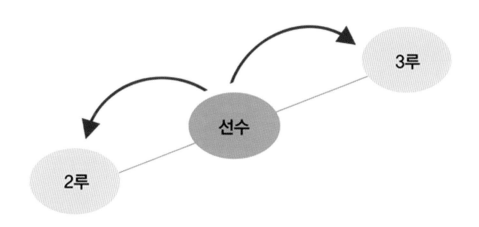

전체 동선을 살펴보자.

사진 왼쪽에 보이는 '선수'가 '터치 아웃'을 하고 있다. 아웃이 되는 사람은 오른쪽의 '상대편 선수'이다. 그리고 그 선수가 아웃 되는 지점 양쪽을 보니 '2루와 3루 베이스'가 있고, 그때 진행되고 있는 것은 '경기' 이다.

매끄러운 한국말 번역이 아니라서 이해에 문제가 있으신가? 매끄러운 거꾸로 번역식 한국말 해석 보다 원어민식 바른 영어를 익혀, 영어의 근본문제를 해결하는 것이 우선이다.

우리는 **between**의 의미를 바로 잡는 것 보다 좀 더 나아가 영어의 동사의 핵심을 좀 더 익혀 보도록 하자.

여러분 생각에 이 문장에서 **between**은 왜 존재한다고 보는가? 그것은 바로 앞에 나온 동작 때문이다. 앞에 나온 동작이 'comes and goes'이다.

주인공의 동작이 '왔다 갔다' 했다는 것은 그의 위치가 어딘가 사이에 있다는 말이 된다. 그래서 자연스럽게 '사이에 있고 양쪽에 있는 것들이 무엇인지 확인하는' **between**이란 전치사를 불러 오게 된 것이다.

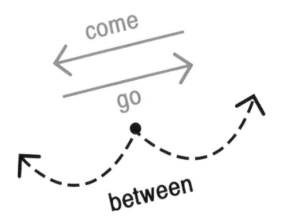

이처럼 영어로 말을 쉽게 만들 수 있는 비법은 주어에서 시작된 동작의 움직임과 방향성을 잘 파악해서 그 동작의 움직임과 방향성과 자연스럽게 연속적으로 이어지는 전치사를 사용하는 것이다. 이것을 제대로 익히지 못해서 우리는 그 동안 '숙어'라는 이름으로 숱한 '동사+전치사'를 세트로 암기해 왔던 것이다.

전치사의 원어민식 이해

A+between+B : A는 '사이'이고, 양쪽에 있는 것은 B

be+tween(two), 즉 앞 단어에 영향을 주는 힘의 원천이 두 가지가 있다는 말이다. 즉,
between은 앞 단어의 위치가 무엇인가의 '사이'이고 그 양 옆에 있는 것들이 무엇인지
를 기다리게 된다는 말이다.

The train runs between Seoul and Pusan.
(그 열차 ▶ 운행하다 ▶ 양쪽은 ▶ 서울과 부산)

영어의 추상적 의미는 물리적 의미의 발전

추상적 의미는 물리적 의미로부터 나온 것이다. 따라서 추상적 의미 또한 물리적인 시·
공감각을 적용하면 쉽게 표현할 수 있다.

Tom made something between a chair and a sofa.
(탐 ▶ 만들었다 ▶ 어떤 것 ▶ 양쪽은 ▶ 의자와 소파.)
탐이 만든 뭔가가 의자와 소파 사이에 있다는 말도 되겠지만, 추상적 의미로 확대시켜 보
면, 만든 것의 모습이 도대체 의자인지 소파인지 분간키 어려운 것이라는 뜻도 될 수 있
다.

앞에서 익힌 Around도 추상적으로 활용을 더 해 보자.

My teacher has been around the school for thirty years.
(나의 선생님 ▶ 있어 왔다 ▶ 둘러싸고 있고 그 대상은 ▶ 학교 ▶ 기간은 ▶ 30년.)

나의 선생님이 단순히 위치적으로 학교에 둘러싸인 것일 수 있으나, 학교에서 30년 동안
이나 근무하고 있다는 추상적 의미도 가능하다.

05
동사에서 연속적으로 이어지는 전치사의 방향감각

영어로 말을 쉽게 만들 수 있는 비법은 주어에서 시작된 동작의 '움직임'과 '방향'을 잘 파악해서 그 동작의 '움직임'과 '방향'에 연속적으로 이어지는 전치사를 사용하는 것이다.

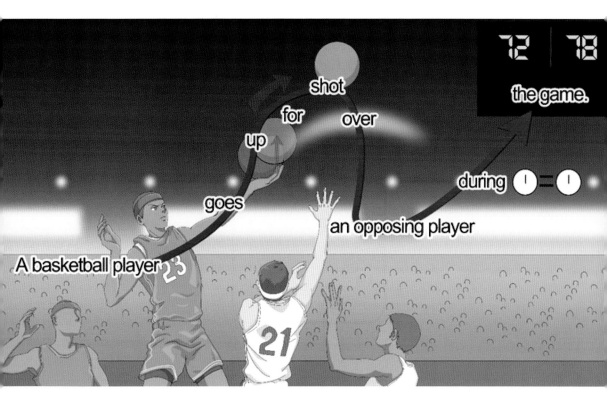

A basketball player goes up for a shot over an opposing player during the game.

한 농구선수 ▶ 가다 ▶ up ▶ for ▶ 던지기 ▶ over ▶ 상대편 선수 ▶during ▶ 게임.

A basketball player goes up for a shot

그림에서 제일 높이 뛰어오른 선수가 주인공이며, 위로 숏을 시도하는 동작이 주요 장면이다. 주어인 그 선수로부터 동작 하나하나를 시간 순서대로 한번 분석해보자.

먼저 go(가다)이다. 그리고 그 방향이 up(위쪽)이다. 그러한 움직임의 목표(for)가 shot(슛을 날리는 것)이다.

그런데 이를 학교 영어 수업 시간에 해석하는 방식으로 하면, 제일 뒤에 있는 단어인 a shot에서부터 거꾸로 거슬러 올라와서 '슛을 던지기 위해 위로 가다'라고 해야 한다. 그렇게 하면 동작이 완전히 역방향이 걸려, 선수의 손끝에서부터 몸으로 내려오는 방향이 되고 만다.

여기서는 for를 좀 더 자세히 살펴보자. 선수가 움직이는 방향이 up이고, 이어진 말이 for a shot이다.

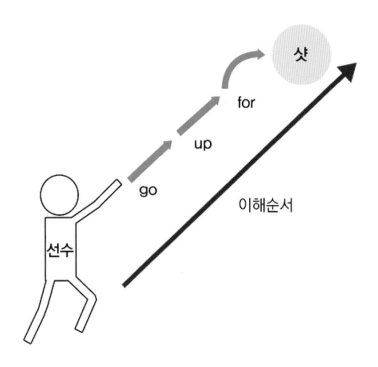

주인공의 나아가는 움직임이 연속적으로 이어져서 up ▶ for ▶ ~ 로 죽 나아간다.

본문의 상황에서 전치사 for의 움직임은 당연히 뭔가를 목표로 해서 나아가는 것이다. 그렇게 하여 하고자 하는 바는 '슛 날리기'이다.

이렇게 사진 속 장면에서 확인되듯이, for의 의미는 '앞으로 나아가는데 목표가 되는 바는(하고자 하는 바는)~'이다. 더 간단히 하면, 단지 **포물선**으로 기억해 둬도 무방하다. 그렇게 하면 순서도, 의미도 저절로 해결된다. 그래서 for는 간단히 **'목표는~'**이라고 하면 된다.

사전에는 for가 '~을 위해서/~로 향해서/~때문에/~동안' 등 다양한 의미들이 있지만, 원어민의 시각으로는 그저 이 '목표는 ~'이라는 기본 개념만으로도 문장 내에서 자연스럽게 구체화된 의미를 만들어 낼 수 있다. 변명 거리에 가서 꽂히는 포물선은 '~ 때문에', 기간의 끝에 가서 꽂히는 포물선은 '~동안'이란 다양한 의미를 암기하고 있지 않아도 for의 기본 개념만 가지고 있으면 앞뒤 단어들과 어울려 저절로 이해된다. 이것이 바로 제대로 된 영어식 이해법이다. 이렇게 해야만 암기식 영어에서 벗어나 살아 있는 영어를 할 수 있다.

본문의 사진은 전치사 몇 개가 함께 연속으로 이어지더라도 철저하게 주어에서부터 순서대로만 나아가면 쉽게 이해할 수 있음과, 미묘한 동작의 부분 부분을 전치사로써 나타내는 영어의 순서대로 전개 그림 방식의 세밀함을 보여주는 데 안성맞춤이다.

전치사가 연속된 예를 하나만 더 살펴보자.

He was brought up to a musician.

그 ▶ 키워지다 ▶ 위로 ▶ 죽 이어져 도달하는 지점은 ▶ 음악가

그가 키워졌다. 위로 죽~, 그래서 도달하는 지점이 바로 '음악가'인 것이다. 여기서는 눈여겨볼 포인트가 바로 **up to**이다. 아무리 전치사가 여러 개 연속으로 사용된다 하더라도 앞에 먼저 나온 동작의 힘을 받아 있는 자연스럽게 순서대로 동선을 따라가면 매우 이해하기 간단한 문장 구조일 뿐이다. 위의 그림에서 보이듯이 '키워지다(**was brought**)'란 동작이 만들어내는 전치사의 방향을 따라 그대로 이어가기만 하면 된다. 키우면 당연히 아이가 키가 크게 되니 위로 올라가는 **up**을 사용하고, 이어서 '죽 나아가는 ~' 개념을 가진 **to**를 통해 나아가서 도달 되는 장래의 모습을 표현했다. 이 얼마나 자연스러운 동작과 힘과 논리의 연속성인가!

앞으로도 전치사가 연달아 나오더라도 절대 겁먹지 말고 이런 방법으로 차근차근 이해해 가시라.

본문의 나머지 부분을 이해해 보자.

a shot over an opposing player during the game

over에 이어 상대팀 선수가 나왔다. 이제는 예전에 거꾸로 뒤집어 해석하던 습관을 가져와 **over**는 '~의 위에'라고 해서는 안된다는 것쯤은 알게 되었을 것이다.

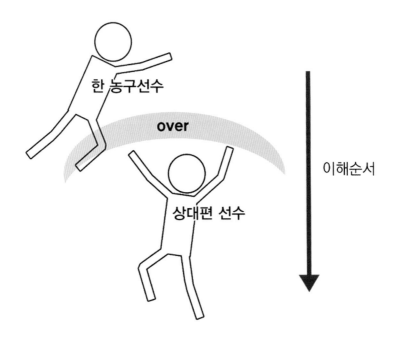

그림에서 보면 위에 녹색 유니폼의 선수가 있고, 동작이 나오고, 그러고 나서 over가 있고, 아래에 상대 선수가 있다. 이렇게 단어가 배열된 순서만 놓고 보아도, over는 '앞에 있는 단어의 위치가 위이고, 그 아래에 있는 사람은(것은)~'이 되고, 다음으로 그 대상이 이어진다. 그래서 본문에서도 녹색 유니폼의 선수가 있는 위치가 위이고, 그 아래에 흰색 유니폼의 선수가 있지 않는가.

여기서 잠깐 over와 above를 비교해보면, 둘 다 앞 단어의 위치가 '위'임을 나타내는 데, 차이는 over는 위에 있으면서 아래 있는 것을 덮고 있는 모양새라는 데 있다. 사진에서도 보면 위의 선수가 아래의 선수를 거의 덮고 있는 형국이다. above는 단지 뭔가 그냥 위에 위치해 있고, 그 아래에 있는 것이 무엇인지만 알려줄 뿐이다. 그러나 over는 다음에 오는 대상을 항상 덮고 있는 모양새에 가깝다. 그래서 over의 의미는 '**위에서 덮고 있는데, 그 아래에 있는 것은~**'이라고 하면 된다.

'해외'라는 뜻의 overseas란 단어도 over의 의미를 제대로 이해하면 쉽게 머리에 들어온다. '(타고 날아가는 비행기의 궤적이) + 위에서 덮고 있고 그 아래에 있는 것은(over) + 바다들(seas)'. 즉, 비행기를 타고 날아가고 있는데 아래에 바다들이 있으니 '해외로' 나간다는 의미가 만들어 진 것이다.

이렇게 단어 하나도 단순히 그냥 외우지 말고 기본 개념을 적용해가다 보면 낯선 단어도 쉽게 이해하게 된다. 암기를 통해 괴로웠던 영어공부가 이해를 통해 쉬워지고 재미있어지기를 바랄 뿐이다.

during the game.

그때 동시에 진행되고 있는 일이(during) 바로 '경기'이다.

이제 진정한 말하기 훈련을 해 보자.

앞에 나온 그림에서 영어 단어는 다 없애고, 주인공에서부터 나아가는 순서대로, 가까운 순서대로 화살표를 그려 놓았다. 부담스러워하지 말고 그냥 주인공인 한 농구 선수로부터 출발해서 한 단어 한 단어 나열해 보면 된다. 영어 단어가 생각나지 않으면 그냥 한국말 단어를 사용해도 무방하다. 그렇게만 해도 영어식 사고 훈련에는 충분하다.

'녹색 유니폼의 한 선수'로부터 시작해서 시선이 위로 죽 올라갔다가 다시 아래로 내려와서 '상대팀 선수'를 만나고, 시야를 넓혀 '게임'이 진행되는 방향으로 움직이는 동선이 실제 상황과 문장의 전체 움직임이다.

한 농구선수 ▶ 가다 ▶ up ▶ for ▶ 던지기 ▶ over ▶ 상대편 선수 ▶during ▶ 게임.

이렇게만 말할 수 있어도 90%는 성공한 것이다. 이제 여기에 영어 단어만 집어 넣어주면 완전한 말하기로 완성된다.

A basketball player ▶ goes ▶ up ▶ for ▶ a shot ▶ over ▶
an opposing player ▶ during ▶ the game.

전치사의 원어민식 이해

for : 앞으로 나아가는데, 목표가 되는 대상은 ~

목표를 향해 날아가는 대포알이 그리는 포물선을 생각하면 안성맞춤이다. 이 포물선 **for**
가 앞뒤 단어들과 어울려 다양한 의미들을 만들어내지만, 기본 의미만으로도 충분히 문장
에 가장 적합한 의미가 자연스럽게 도출된다.

They fight for liberty.
(그들 ▶ 싸우다 ▶ 목표가 되는 대상은 ▶ 자유)

His hometown is noted for its wine.
(그의 고향 ▶ 유명하다 ▶ 목표가 되는 이유는(이유를 향해 날아가는 포물선) ▶ 그것의 포도주)

The event lasted for three hours.
(그 행사 ▶ 지속되었다 ▶ 목표가 되는 기간은(지속된 기간의 끝을 향해 날아가는 포물선) ▶ 세 시간)

A+over+B : A가 위에서 덮고 있고, 그 아래에 있는 것은 B

앞에 나온 단어의 위치가 '위'에서 덮고 있음을 나타낸다. 따라서 아래에 있는 대상이 무엇인지기다리면서 앞으로 나아가면 된다.

I spread a blanket over the bed.
(나 ▶ 펴다 ▶ 한장의 담요 ▶ 위에서 덮고 있고, 아래에 있는 것은 ▶ 침대)

We discussed the matter over dinner.
(우리 ▶ 논의했다 ▶ 그 문제 ▶ 위에서 덮고 있고, 아래에 있는 것은 ▶ 저녁)

위에서 입으로 문제를 논의하는 동안 아래에서 손으로 하는 일은 식사이니, 물리적인 위치대로 주어에서부터 순서대로 그려보면 over보다 더 적합한 말은 없을 듯하다. 이것을 의역해서, '저녁을 먹으면서' 라고 말을 만들어낸 것이다. 하지만 정확히 그냥 그림 그대로 순서대로 이해를 해도 우리의 머리는 상식적으로 그 정도는 다 알아서 해결해 낸다.

보너스로 until이란 전치사도 바로 잡고 가자. 지금까지는 그냥 저 뒤에서 거꾸로 되돌아와서 해석을 하다 보니 until이 왜 생겼는지 왜 필요한지도 전혀 모르고 사용했을 뿐이다.

하지만 아래 예문과 같이 보면 그 의미가 분명히 드러난다.

He will work here until Sunday.

먼저 **will work** 앞으로 일을 한다는 동작이 선행된다. 그리고 난 뒤에 **until**이 등장했다. 이 말은 앞으로 할 바는 죽 일을 하는 것인데, 이렇게 일하는 동작이 지속 된다는 것을 **until**이 자연스럽게 이어 받아서 표현 한 것뿐이다.

즉, **will work** ➡ **until**로 계속 이어지는 연속 동작일 뿐이다.

시간이 흘러 가는 것이다. 그래서 **until**을 아래와 같이 원어민 사고 방식 그대로 재 해석 했다.

A+until+B : A가 계속 되다가 끝나는 시점은 B

until은 앞의 동작이 언제까지 진행이 되는지 그 종점을 알려주는 신호이다.

이렇게 하니 앞의 문장이 이렇게 순서대로 자연스럽게 이해가 된다.

He will work here until Sunday.
(그가 ▶ 앞으로 할 바는 ▶ 일하다 ▶ 여기서 ▶ 계속 하다가 끝나는 시점은 ▶ 일요일)

이렇게 해야 순서대로 이해도 되지만, 더 나아가 듣기를 할 때에도 한 단어 한 단어 바로 바로 이해를 할 수 있게 된다.

06
동사가 지닌 힘의 연속성 이해하기 (1)

주인공 다음에 가장 가까이 있는 말이 주인공이 하는 동작을 나타내는 '동사'이므로 '동사'가 바로 영어 문장을 이끌어 나아가는 동력이라고 할 수 있으며, 이 동사가 지닌 힘의 연속성을 이해하는 것이 쉽게 영어로 말을 만들 수 있는 비법이다.

지금까지 우리가 배운 영어가 가장 큰 문제가 되는 이유는, 영어 문장을 거꾸로 뒤집어서 해석하는 문제이다. 물론 해석은 되고, 번역은 된다. 하지만 한 단어 한 단어 귀에 들렸다 바로 사라지는 듣기의 경우에 치명적인 문제를 드러낸다.

예전에야 해석만 하면 되는 시대를 살았다면, 이제 듣고 말해야 하는 소통의 수단으로 영어가 필요하게 되었기 때문이다. I love you 같은 짧은 문장이야 듣고 난 뒤 빠르게 뒤에서부터 거꾸로 해석해도 가능할 수도 있지만, 조그만 문장이 길어지면 중간에 놓치게 되고 급기야는 문장 마지막 몇 단어만 머리에 맴 돌 뿐이다.

그래서 근본적인 치료법은, 우리가 한국어를 읽거나 듣고 이해하듯이, 지금 이 순간 여러분이 이 본문을 읽을 때와 동일하게, 읽는 순서 그대로 문장을 앞에서부터 순서대로 나아가며 한 단어 한 단어 이해해 나가듯이 이해하는 법을 익혀야만 한다. 전세계에서 딱 두 나라, 한국과 일본만 영어 문장을 이해할 때, 저 문장 끝에서부터 또는 중간 중간 단락별로 끊어서 왔다 갔다 하면서 문장을 이해한다는 사실을 알고 있는가? 이 사실은 그 동안 영문도 모르고, 너무나 힘든 영어 공부를 해 왔던 사람들에게 허탈함만 더해 준다.

하지만 지금이라도 바꾸면 된다. 영어 문장을 읽어서 이해할 때 단어가 나온 순서대로 바로 바로이해하려고 노력하는 것이다. 그러나 가장 좋은 방법은 읽을 때 앞에서부터 순서대로 이해하도록 노력하는 것을 넘어서, 말할 때도 생각하는 순서대로 바로 바로 말을 만들 수 있는 방법을 익히는 것이다. 그렇게 되면 읽거나 들을 때도 바로 바로 이해하게 된다. 돌 하나로 여러 마리 새를 한꺼번에 잡게 되는 가장 효과적인 방법이다.

필자도 이 연구의 초기에는 그냥 영어 문장을 거꾸로 뒤집는 문제를 바로 잡는데만 집중했다. 그냥 원어민이 써 놓은 영어 문장을 한국어 문장을 읽고, 듣고 이해 하듯이 편안하게 문장이 쓰여진 순서대로, 앞에서부터 나아가며 바로 바로 이해하는 방법을 터득하는 것에만 주력하였다.

하지만 그 방법을 터득하였음에도 불구하고, 말하기란 또 다른 장벽이 기다리고 있었다. 그러나 그 장벽도 영어 문장이 만들어지는 원리를 이해함으로써 쉽게 극복하게 되었다. 영어 문장을 단어가 흘러가는 순서대로 이해하는 것을 넘어서서 그렇게 영어 문장이 만들어지는 원리를 이해하게 되니, 쉽게 영어 문장을 만들어 낼 수 있게 되었고 나아가 영어 문장도 더욱 쉽게 읽거나 들어서 이해하게 되었다.

단 한가지 원칙만 먼저 기억하자! "**영어는 주인공에서부터 나아가면서 가까운 순서대로, 움직이는 순서대로 단어를 나열하면 말이 된다!**"이다.

영어 문장을 만들 때, 주어에서 시작해서 나아가며 가까운 순서대로, 움직이는 순서대로라는 대 원칙만 적용해서 말을 만들면 되니, 결국 적혀진 문장이나 들려지는 영어 문장도 이 원칙에 따라 만들어 진 것 뿐이다. 그래서 읽거나 들을 때도 단어만 알면 그냥 적혀지거나 들려지는 순서가 결국 주어에서부터 나아가며 가까운 순서대로 움직이는 순서대로 그림이나 동영상을 만들어 낼 뿐인 것이다. 이렇게 함으로써, 읽기, 듣기, 쓰기, 말하기의 영역들이 다 다른 것이 아니라 그저 글자냐 소리냐의 차이밖에 없게 된다. 언어의 4가지 영역의 벽이 허물어지게 된 것이다. 읽기 따로, 듣기 따로, 말하기, 쓰기 따로 할 것이 아니라 말을 만들어 내는 것에 집중 하면 영어 공부의 4가지 파트가 동시에 다 해결이 된다.

그리고 "**영어는 주인공에서부터 나아가면서 가까운 순서대로, 움직이는 순서대로 단어를 나열하면 말이 된다!**"의 핵심 엔진은 바로 동사에 있다. 가까운 순서대로, 움직이는 순서대로 자연스럽게 말을 만들다 보면, 동사를 중심으로 다음에 이어지는 말은 외워서 가져다 붙이는 말이 아니라, 그냥 자연스럽게 나올 말이 나오게 된다는 것이다.

그래서 더 손쉽게 영어 문장을 만들어 내는 비법은, '**동사가 지닌 힘의 연속성**'을 이해하는 것이다. 주인공 다음에 가장 가까이 있는 말이 주인공이 하는 동작을 나타내는 '동사'

이다 보니 이 '동사가 바로 영어 문장을 이끌어 나아가는 동력'이라고 할 수 있다. 동사가 가진 힘이 연속적으로 다음 다음 말들을 자연스럽게 이끌어 낸다.

그 동사의 연속성을 이어 받아 문장을 쉽게 만들어 가게 하는 가장 중요한 역할을 바로 '전치사'가 해 낸다. 그래서 '**동사** ➡ **전치사** ➡'로 이어지는 동사의 힘의 연속성을 제대로 이해하는 것은 영어의 핵심 중의 핵심이라 할 수 있다.

아래 그림을 한번 보자.

냉장고 안에서 음식 같은 것을 찾아 보는 장면 같다.

이럴 때는 어떻게 영어로 말해야 할까?

가장 먼저 '**주인공이 나아가며 가까운 순서대로, 움직이는 순서대로 확장**'이라는 Arrow English의 사고 하나만 생각하면 된다. 다시 말해, 제일 먼저 그림을 보고 주어를 정하고 가까운 순서대로 확장하면 된다.

스웨터를 입은 여성이 주어이다. **She**로 시작하자.

앞 그림처럼 애로우 잉글리시의 원칙을 적용해 주어에서부터 나아가는 동선을 따라 말을 한번 만들어 보자.

주어인 그녀(**she**)에서 가장 가까운 것은 주어의 행동인데 바로 '보고 있는' 행동이다 (**is looking**). 여기 까지만 나와도 영어 문장의 반을 해결한 것이다. 앞에서 말한 동사의 힘의 연속성이 역할을 제대로 할 때이다. 이렇게 보고 있으면, 그 다음에 나올 말은, 당연히 그 보는 동작이 '목표를 향해 나아가는' 것이다. 그녀에게서 ➡️ 시선이 나아가고 있고 ➡️ 그 시선이 레이저처럼 목표를 향해 앞으로 더 나아가는 동작으로 힘의 연속성이 그려진다. 이럴 때 사용되는 전치사가 바로 '**for**' 이다. 그리고 나서 목표로 하는 대상인 '뭔가(**something**)'가 나온다.

She ▶ is looking ▶ for ▶ something

그녀 ▶ 이다 ▶ 보고 있는 중 ▶ 목표로 하는 대상은 ▶ 뭔가

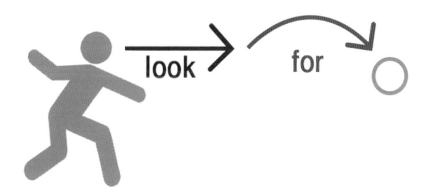

이렇게 동사에서 나아가는 순서대로 말을 만들어 보면, for라는 전치사의 의미가 기존에 배운 '~ 를 위해서'라고 하는 뒤에서 돌아오는 거꾸로 방식의 의미는 버려야겠다 라는 당연한 생각을 하게 될 것이다. 이제 원어민이 말을 만드는 방식에 근거하여, 앞으로 나아가며 의미를 수정해 보자. '목표로 하는 대상은 ~'이라고 바꾸는 것이 당연하게 느껴지지 않는가?

그런 다음 확장하면 그 뭔가는 '안에 있고, 둘러싸고 있는 것은(in)' 냉장고이고, 더 밖으로 확장해 나아가 보면, 그 냉장고는 '안에 있고, 둘러싸고 있는 곳은(in)' 주방이다.

자 이제 하나의 영어 문장이 만들어졌다. 전체 그림을 한번 그려 보았다.

She ▶ is looking ▶ for ▶ something ▶ in ▶ the refrigerator ▶ in ▶ the kitchen.

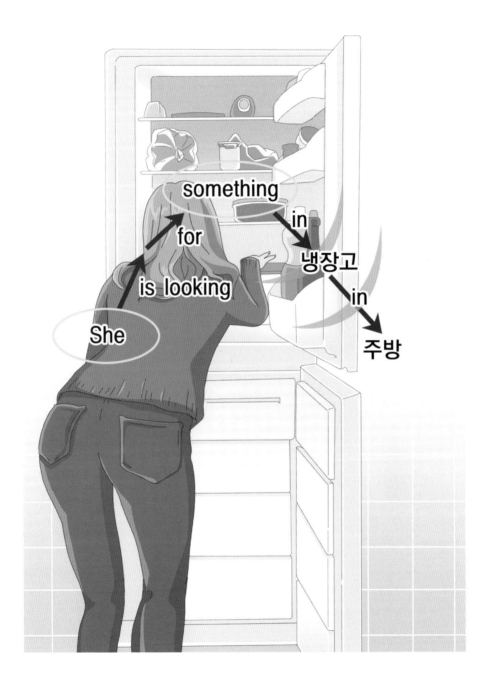

이제 조금 더 훈련을 해 보도록 하자. 다른 사진을 한 장 더 가져왔다.

도로에서 자동차들이 교통 신호를 기다리는 장면이다.

외국사람들의 입장이 되어 우리말을 배운다고 생각하면 정말 어떤 순서대로 단어를 놓아야 할지 갑갑함이 보통이 아닐 듯 하다. 하지만 영어로 말을 만들 때에는 너무 쉽다. 일단 주인공을 정한다. 이 사진에서는 누가 보아도 주인공은 '차들(cars)'이다. 이 '차들'로 부터 나아갈 때 가장 가까운 말이 동작 '기다리다(wait)'이다. 그 다음에 이 기다리는 동작 wait는 "목표로 함"을 만들어 낸다.

이렇게 동사가 지닌 힘의 연속성은 쉽게 문장을 만들어 낼 수 있게 만들어 준다. 기존 영어학습에서 한국사람들이 가장 힘든 것은 바로 이 전치사의 사용이었다. 하지만 동작이 만들어 내는 힘의 연속성을 이해하면 쉽게 전치사를 사용할 수 있다. 기다린다는 동작의 힘의 연속성에 의한 목표로 하는 대상이 '녹색 신호(a green signal)'이다.

이제 이렇게 한 문장이 쉽게 만들어 진다.

차들 ▶ 기다리는데 ▶ 목표로 하는 것은 ▶ 녹색 신호

Cars ▶ wait ▶ for ▶ a green signal

for라는 전치사가 기존에 거꾸로 번역하기 위해 가지고 있던 '~를 위해서'라는 의미를 버리고, 새로운 의미로 확실하게 머리 속에 들어가길 바란다. 세상에 어느 원어민도 거꾸로 뒤집어서 이해하는 말은 없다.

주어인 차들이 있고 차들의 행동은 기다리는 것인데, 기다리며 목표로 하는 것이 뭔가 보니 초록 신호인 것이다.

내친 김에 좀 더 훈련을 해 보자. 재미있지 않은가?

이렇게 풀어가다 보면 영어가 다른 언어들을 제치고 국제어가 된 것이 이해가 간다. 물론 여러 국제정세적인 영향도 있겠지만, 영어 문장이 만들어 지는 원리가 단순한 덕분이 아닌가 생각도 해 보게 된다.

배가 한 척 정박을 하고 있다.
정박을 하기 위해서는 배를 항구에 묶어 놓아야 한다. 그래야 파도에 쓸려 떠 내려가지 않기 때문이다.

주어에서부터 앞으로 나아가 보자. 주어는 '한 척의 배(a ship)'이다. 그리고 그 배에서 이어지는 다음 동작은 '묶여져 있다(is tied)'이다. 이 묶여져 있는 동작이 만들어 내는 연속성이 바로 영어 문장을 쉽게 풀어내는 열쇠이다.
사진에서도 보이듯이, 묶여져 있으니 그 줄이 죽 나아간다. 이렇게 죽 앞으로 나아가는 연속성을 표현하는 말이 전치사 to이다. '~ 로'라고 하던 예전 의미가 얼마나 영어 본래의 의미를 죽였는지 알 것 같지 않은가? 이제 사진의 주인공인 한 척의 배에서 줄이 죽 이어져 나가는 대로 생각도 따라가면 된다. '죽 나아가 만나는 대상이 ~ 바로 '항구(a port)'이다.

한 척의 배 ▶ 묶여 있다 ▶ 나아가 만나는 대상은 ▶ 항구

A ship ▶ is tied ▶ to ▶ the port

내친김에, to 좀 더 훈련해 보자.

하지만 핵심은 to에 있는 것이 아니라, to보다 앞서 등장하는 동작인 동사에 있음을 잊지 말자.

아래 사진을 보자. 왼쪽의 여자분이 선물을 주고 있는 장면이다.

주어를 '엄마(a mother)'라고 해보자. 그러면 엄마에서 나아가는 화살표를 기준으로 바로 나올 말이 주고 있는 동작 'give'이다. 이 준다는 동작은 어떤 연속성을 만들어 낼까?

주는 동작의 대상이 무엇이던 간에, 준다는 동작은 앞으로 보낸다는 힘을 가지고 있기

때문에 주는 대상물이 앞으로 죽 나아가야 한다. 그래서 to는 고민 고민해서 나올 말이 아니라 동사의 힘의 연속성만 생각하면, 당연히 입에서 툭 튀어나와야 할 단어라는 것이다. 그렇게 죽 나아가서 만나는 대상이 그녀의 딸(her daughter)이다.

이제 우리는 영어 문장을 완성하게 된다.

한 엄마 ▶ 준다 ▶ 선물 ▶ 나아가 만나는 대상은 ▶ 그녀의 딸

A mother ▶ gives ▶ a present ▶ to ▶ her daughter

이렇게 하면, 아래와 같은 주어에서 출발해 나아가는 동작의 연속성이 표현된 한 장의 그림이 완성된다.

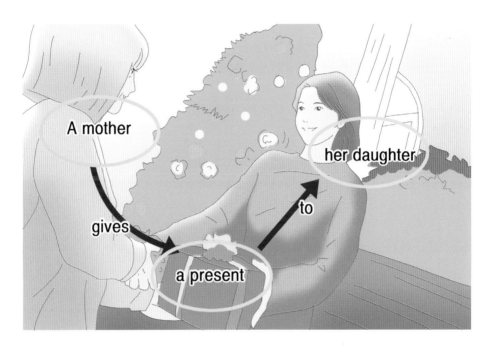

예전에 학교에 다닐 때 to는 '~ 로'라고 배웠을 것이다. 뒤에 나오는 단어를 보고 거꾸로 돌아와야만 해석이 되었을 것이다. 듣기에서는 최악의 문제점을 만들어 내게 되는 것이다. 이것만 보아도 여러분이 학교에서 배운 영어 문법은 실전에서는 잘 활용할 수 없다는 가슴 아픈 현실을 알 수가 있다.

그냥 to는 '앞으로 나아갈' 뿐이다. 전치사 to는 주어 쪽에서 죽 나아갈 뿐이고 그 다음에는 그냥 도착하는 도착지가 나오면 된다. 그래서 to의 진정한 의미는 '나아가서 만나는 대상은 ~'이 되는 것이다.

07
동사가 지닌 힘의 연속성 이해하기 (2)

주인공 다음에 가장 가까이 있는 말이 주인공이 하는 동작을 나타내는 '동사'
이므로 '동사'가 바로 영어 문장을 이끌어 나아가는 동력이라고 할 수 있으며,
이 동사가 지닌 힘의 연속성을 이해하는 것이 쉽게 영어로 말을 만들 수 있는
비법이다.

앞서 언급했듯이 영어 문장이 만들어지는 단 하나의 원리를 먼저 기억하자! "**영어는 주인공에서부터 나아가면서 가까운 순서대로 움직이는 순서대로 단어를 나열하면 말이 된다!**"이다.

그리고 이 원리를 기반으로 더 쉽게 영어로 말을 만들 수 있는 비법이, **동사가 지닌 힘의 연속성**을 이해하는 것이라는 것을 앞에서 살펴 보았다. 이 연속성에서 핵심은 주인공이 하는 동작이다. '주인공의 동작이 가진 힘이 연속적으로 다음 말들을 자연스럽게 이끌어 낸다' 사실을 발견했을 때 필자는 비로소 영어의 핵심을 본 것 같았다. 이것이 바로 영어로 쉽게 말을 만들어 낼 수 있는 비법이기 때문이었다. 그 동사의 연속성을 이어받아 말을 진행 시키는 가장 중요한 다음 역할을 하는 전치사도 원어민식 사고로 바로 잡고 나면, '**동사 ▶ (대상) ▶ 전치사 ▶ ~~**'로 이어지는 영어의 핵심 중의 핵심을 파악하게 된 것이다.

아래 그림을 한번 보자.

A man puts oil on a bicycle chain.

    동사의 힘의 연속성을 이해하기 쉽도록 사진의 주인공에서부터 출발해서 마치 주인공이 지금 현재 동작을 해 나가고 있는 것처럼 재구성해 보았다.

    주인공이 '한 남자'이다.

그 한 남자가 ▶ 놓는다

놓는 동작의 대상은 '기름'이다. 이번 그림의 핵심이 바로 이 부분이다.

동사인 put(놓다)를 생각해 보자. 이 동작의 힘은 뭔가를 아래로 놓는 움직임이다. 대상이 무엇이 나오던지 간에 상식적으로 그 다음에 이어질 말이 무엇이 되어야 할지 한번 생각해 보자. 놓는 동작이 나오면 그 대상은 아래로 내려가 어딘가에 닿아야 한다.

그래서 〈put ➡ 대상〉 다음에는 on이란 전치사가 기다려지는 이유이다. 동사가 가진 힘의 연속성에 근거하여 '놓다'란 힘에 이어져 '접하는 면'이 이어지게 되는 것이다. **on**이란 전치사를 기존 거꾸로 뒤집어 해석법에 근거하여 '~에' 라고 하지 말고 동사의 힘의 연속성에 근거하여 앞에서부터 순서대로 바라본다면 '**면으로 접촉하는 대상은 ~**'이란 의미가 된다. 그냥 이렇게 바꾸라고 주장하는 것이 아니라, 앞에서부터 말이 만들어지는 순서에 근거해 보면 당연한 결과이다.

한 남자 ▶ 놓는다 ▶ 기름 ▶ 면으로 접하는 대상은 ~ ▶

바로 '자전거 체인'이다.

이렇게 동사의 힘의 연속성을 잘 이해하면 주인공에서부터 시작해서 움직이는 순서대로 그냥 편하게 앞으로 나아가면서 영어가 만들어 진다. '영어는 거꾸로 뒤집어서 해석하면 안된다'라고 주장만 하는 것이 아니라, 주인공에서부터 나아가는 방향으로 말을 만들어가면 당연히 이 순서로 말이 만들어져야 하지 않겠는가

put과 on의 힘의 연속성을 간단히 그려 보았다.

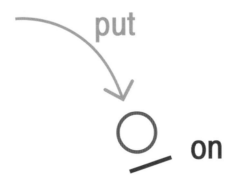

조금 더 훈련해 보도록 하자.

A woman inhales oxygen from a can.

주어인 '한 여성'으로부터 차근 차근 시작해 보자. 진정 영어로 말을 한다는 것은 하고 픈 한국말을 생각하고 그리고 그 한국말에 해당하는 영어 단어들을 생각한 다음에 우리가 기존에 배운 문법을 생각해내서 왔다 갔다 하면서 짜집기식으로 문장을 만들어 내는 것이 아니다.

그냥 주인공을 정하고, 그 주인공으로부터 나아가는 방향으로 가까운 순서대로 움직이는 순서대로 단어를 늘여 놓으면 그것이 곧 영어 문장이 되는 것이다.

주어는 '한 여성'이다.

한 여성 ▶

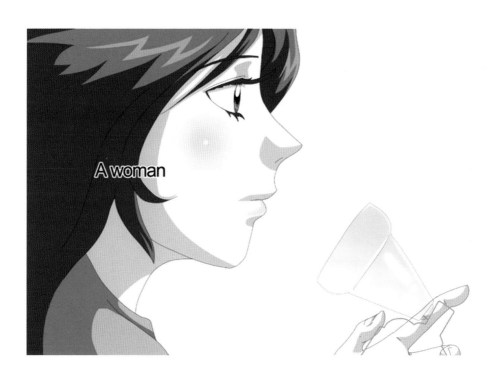

그리고 그 여성이 하는 동작은 '빨아들이다, 들이마시다' 이다.

자 여기서 우리는 생각을 좀 해 봐야 한다. '들이 마시다'라는 동작은 내 쪽으로 뭔가를 가져오는 방향성을 가지고 있다. 들이 마시는 대상이 무엇이 되었건 간에 그 대상은 내 쪽으로 나아 와야만 한다. 대상이 무엇이 될지 아직 정해지지 않았지만, 원어민식 감각은 동사의 힘의 방향과 연속성에 근거해서 '나아오고 그 출발점은 ~'이란 전치사를 기다릴 줄 알아야 한다. 그 전치사가 바로 from이다.

한 여성 ▶ 들이마신다 ▶ 산소

한 여성 ▶ 들이마신다 ▶ 산소 ▶ from (나아오고 출발점은)

이렇게 우리는 inhale ▶ 대상 ▶ from ▶ 으로 이어지는 동사의 힘의 연속성을 적용해서 자연스럽게 이어져 나가는 영어 문장을 만들 수 있게 된 것이다.

산소가 나아온 출발지가 바로 '하나의 캔'이다.
한 여성이 들이마시고 그것은 산소이며, 그 산소가 나아온 출발지는 하나의 캔이다.
들이 마시는 동사의 힘의 연속성을 아래와 같이 간단한 그림으로 그려보면 더욱 더 분명해 진다.

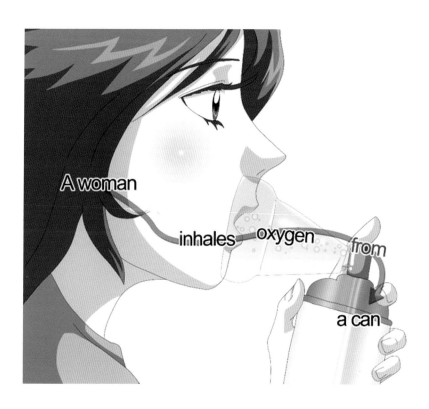

화살표가 동일한 방향으로 이어지는 것이 동사의 힘의 연속성의 핵심이다.

이렇게 주어 다음에 동작만 결정하고 나면, 그 다음에 이어지는 말들이 자연스럽게 예측이 되고 편하게 사용할 수 있다는 점이, 영어가 이제는 지긋 지긋한 웬수가 아니라 편한 친구처럼 척 하면 척 하고 편하게 받아 주는 언어가 될 수 있게 만들어 주지 않을까 생각해 본다.

이왕 하는 김에 좀 더 훈련을 해 보도록 하자.

A factory worker pushes waste cardboard boxes into a machine at a recycling factory.

한 공장 노동자 ▶ 밀다 ▶ 폐 종이 박스들 ▶ into ▶ 기계 ▶ at ▶
한 재활용 공장

두가지 토끼를 같이 잡자.

주인공에서부터 시작해서 문장을 만드는 훈련도 하고 나아가 동사 중심으로 힘의 연속성도 잡아 보자. 영어는 영어 문장 자체에서 배우는 것이 최상이다. 마치 원어민에게 직접 배우는 효과와 같다. 그냥 무조건 해석을 하려고만 생각하지 말고 영어 문장을 읽을 때도 내가 마치 이 영어 문장을 만든 원어민과 같이 말을 만든다고 생각하면 학습 효과는 배가 된다.

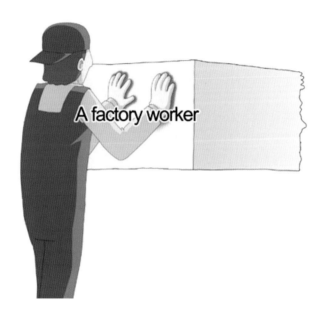

A factory worker

일단 주어부터 살펴 보자.

'한 공장 노동자'이다.

이제 그가 하는 동작을 보자. 영어는 주어 다음에 무조건 가장 가까운 동작이 1순위로 등장하는 말임을 잊지 말자. 그 동작이 **pushes**(밀다)이다.

자 여기서 우리는 생각을 좀 해보자. '밀다'는 동작이 나오면 그 대상이 무엇이 되던 간에 이어지는 동사의 힘의 연속성은 무엇이 될까?

모든 언어는 상식에서 출발함을 잊지 말자.

밀어붙이는 동작이 나오면 그 대상은 당연히 앞으로 죽 나아가지 않겠는가? 그래서 가장 쉽게 생각할 수 있는 전치사가 '나아가서 만나는 대상은 ~'이라는 기본 개념을 가진 **to**가 생각날 것이다.

그런데 주어가 미는 동작에 힘을 좀 더 강하게 했다고 생각해 보면, 나아가서 만나는 대상 속으로 치고 들어가게 된다. 그것이 바로 **into**의 원어민식 개념이다. '~ 안으로'가 아니라, 주어에서 이어지는 동사의 힘의 연속성에 의해 먼저 '안으로 들어가게 된다'. 그리고 난 다음 안으로 들어간 그 곳이 어딘지, 그 대상이 무엇인지를 확인하면 영어 문장은 완성이 된다.

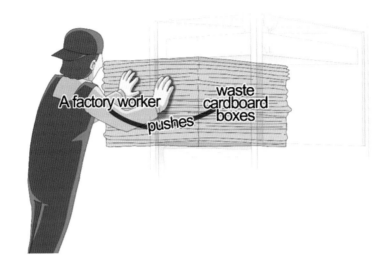

한 공장 노동자 ▶ 밀다 ▶ 폐 종이 박스들

그리고 난 다음 힘의 연속성에 의해 "into"가 등장했다.

한 공장 노동자 ▶ 밀다 ▶ 폐 종이 박스들 ▶ 안으로 들어가고 ~

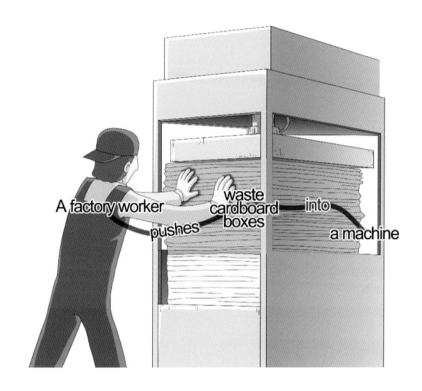

이제 안으로 들어간 곳이 어딘지 확인해 보자.

한 공장 노동자 ▶ 밀다 ▶ 폐 종이 박스들 ▶ 안으로 들어가고 둘러싸고 있는 것은
▶ 기계

그리고 난 다음, 더 확장해 나아가 장소가 어딘지 살펴보자.
전치사 **at**을 이용해 장소를 확인한다.

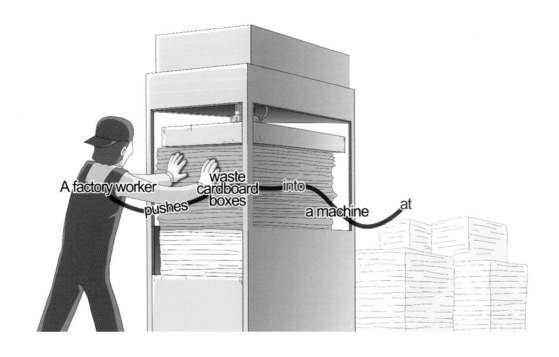

한 공장 노동자 ▶ 밀다 ▶ 폐 종이 박스들 ▶ 안으로 들어가고 둘러싸고 있는 것은
▶ 기계 ▶ 장소는 ▶ 한 재활용 공장

어떤가? 마지막 그림에서 주어인 한 공장 노동자에서 시작해서 앞으로 죽 나가면서
말이 만들어지는 것이 너무나 환상적이지 않는가?

정말 저 뒤 마침표에서부터 거슬러 올라 오면서 해석을 하는 번역식 영어는 정말로 남
는게 없는 장사이다. 해석은 어떻게든 될지 모르지만, 듣고, 말하고, 영작하기 위해서는
또 다른 수고를 해야하는 너무 힘든 남는게 별로 없는 공부법이다.

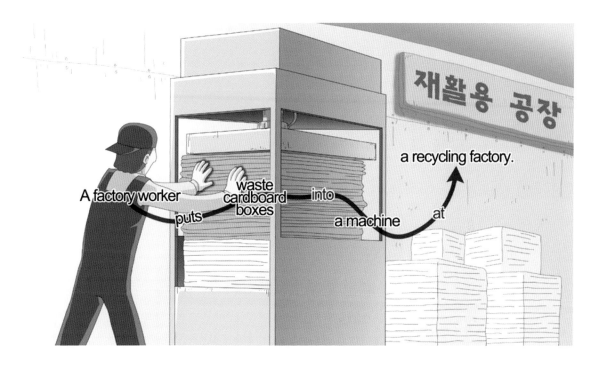

이제 생각을 바꾸어서 근본부터 제대로 시작하면, 여러분의 영어는 읽기 뿐만 아니라 듣기, 말하기, 쓰기 까지 한꺼번에 훈련이 되는 일석 이조가 아니라 일석 사조의 효율적인 공부법이 될 것이다.

그 중심에 '동사와 전치사가 만들어내는 동사의 힘의 연속성'이 있다.

08

숙어란 없다
힘의 연속성만 있을 뿐 (1)

주어에서부터 물 흐르듯이 순서대로 흘러가는 영어의 특성을 이해하면 동사에 이어서 뒤에 어떤 전치사가 와야 할지 예측이 가능하다. 그래서 기존에 동사와 전치사를 한 세트로 암기했던 '숙어'는 외울 필요가 없던 헛수고였다.

A helicopter drops water onto a burning ferry off the island.

배에 불이 났다. 그래서 헬리콥터까지 날아와서 배에 물을 쏟아 붇고 있는 장면이다.

그림 위쪽에 보이는 헬리콥터가 하는 동작은 drop이다. 사진에서 보듯이 아래로 떨어뜨리는 행동이다. 그 힘을 받는 대상은 the water이다. 아래로 떨어뜨리니, 그 대상은 drop의 힘을 받아 어떤 방향으로 향해야 된다. 이런 힘의 연속성에 대한 감을 가지고 onto라는 전치사를 보자.

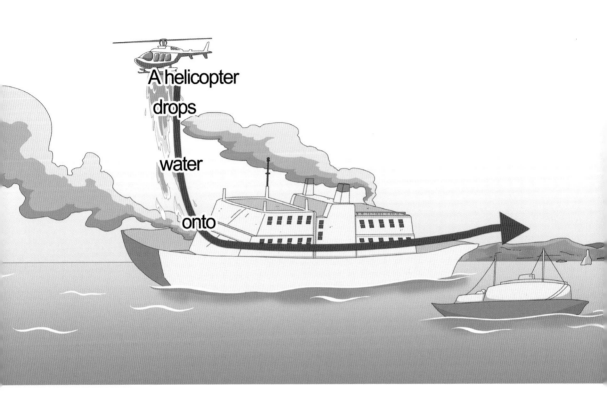

onto는 생긴 모습대로 'on+to', 즉 '나아가서 접하게 된다'는 의미이다. 물을 쏟아 부으니 당연히 물이 나아가서 접하게 되는데, 그 대상이 **a burning ferry**(불타고 있는 페리호)이다.

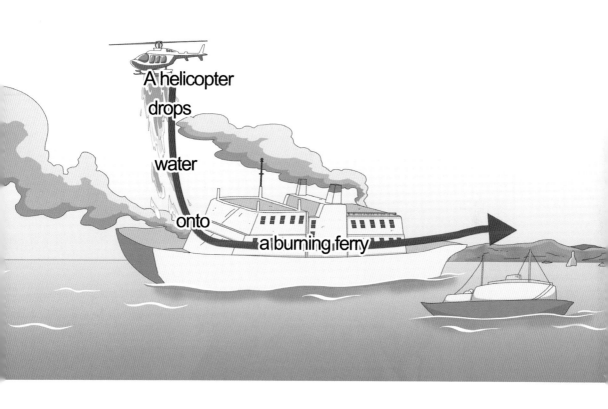

여기서 가장 주목할 부분은, 주인공인 헬기에서 하는 동작 drop에서부터 시작되는 힘의 연속성이다. 떨어뜨리는 힘은 뭔가를 아래로 나아가게 한다. 그래서 to가 오는 것은 너무 당연하고, 나아가 닿는 힘을 강조하여 on을 더하여 onto라고 표현한 것이다.

A helicopter drops water onto a burning ferry

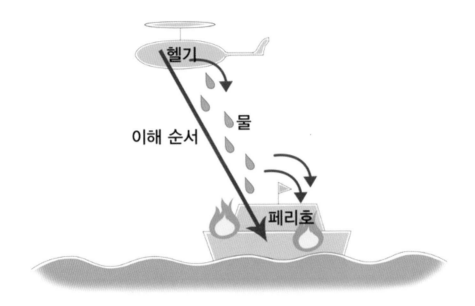

그림에서 확인되듯이, **onto a burning ferry**를 뒤의 **a burning ferry**부터 거꾸로 해석하여 '불타는 페리호 위에'라고 하는 것은 아무리 학교에서 그렇게 배웠건 간에, 상식적인 이치와 순서에 맞지 않는다. 이렇게 하는 것이 한국말로는 익숙하고 매끄러워 보일지 몰라도 **drop에서부터 이어지는 힘의 연속성**을 망가뜨려서 단어가 등장하는 순서대로 바로 바로 이해를 불가능하게 한다. 이런 식으로 하다 보면, 나중에는 자연스럽게 영어를 주어에서부터 죽 순서대로 만들어내는 능력은 영원히 가지지 못하는 '해석만 겨우 되는 영어의 불치병'에 걸리고 만다. 그렇게 되어 듣기도 안 되고, 말하기, 영작도 안 되는 귀머거리, 벙어리 영어가 된다고 생각하면 끔찍하지 않은가?

주어에서부터 물 흐르듯이 순서대로 흘러가는 영어의 특성에 따르면, 동사에 이어서 뒤에 어떤 전치사가 와야 할지 거의 예측이 가능하다. 그래서 기존에 여러분이 '숙어'라며 동사와 전치사를 한 세트로 암기했던 것은, 사실 그렇게 할 필요가 없던 헛수고였다. 영어를 배우는 데 '숙어'란 말은 필요가 없다.

이제부터는 영어에서 동사를 보면 가장 먼저 생각해볼 것이 **힘의 방향**이 되어야 한다.

주어에서 나오는 힘이 **미는 힘(push)**이거나 **주는 힘(give)**이거나 **앞으로 전진 하는 힘 가다(go) 또는 달리다(run)**라는 힘은 통상적으로 **앞을 향하는 전치사 종류**들이 to, toward, into 같은 것들이 오게 마련이다.

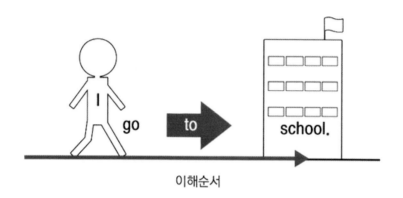

이해순서

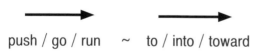

push / go / run   ~   to / into / toward

반대로 주어에서 나오는 힘이 **앞으로 당기는 힘인 pull 이나 draw 같은 동작**들이 오면, 뒤에 힘을 받는 대상은 당연히 앞쪽으로 당겨지니, 뒤에 올 전치사는 그 대상이 앞쪽으로 움직여오며, **출발지를 나타내는 from**이 오게 마련이다.

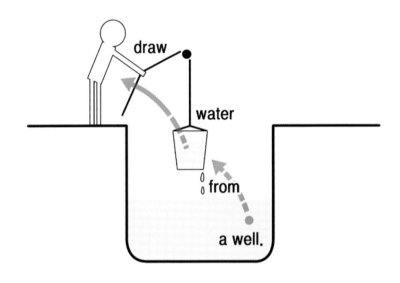

주어 쪽으로 당겨지는 힘을 따라 ← ← 이렇게 연속적으로 이어지는 느낌이다.

이렇게 동사와 전치사가 세트로 연결되는 힘의 연결을 눈여겨보면 영어는 더욱 쉬워지게 된다. 주어에서부터 가까운 순서대로, 움직이는 순서대로 단어를 늘어놓기만 하면 되는 영어의 단순한 기본 법칙을 더욱 깊이 있게 깨닫게 되어, 참으로 읽는 순서대로 들리는 순서대로 머리 속에서 그림이, 동영상이 좌악 그려지게 된다.

따라서 동사 다음에 꼭 어떤 전치사가 나온다고 암기할 게 아니라 그냥 힘의 연속성만 염두에 두면 동일한 힘의 방향의 전치사 종류 가운데 내가 마음먹은 대로 선택해서 말을 만들 수도 있게 된다. 그래서 영어란 암기 과목이 아니라 이해 과목일 뿐이다.

절대 한국말로 문장을 먼저 다 만들어 놓고는 이를 영어 단어로 교체하고, 그 다음에 기존 거꾸로식 영어 문법을 적용해 이리저리 말을 조합해 내지 마시라. 내가 영어로 하고 싶은 말이 있을 때, 일단 주인공을 결정하고 그 주인공에서부터 나아가는 힘, 동작을 정하기만 하면 그 다음에는 그 동작 자체에서 나오는 힘의 연속성을 따라 자연스럽게 문장이 만들어 지기 때문이다.

다시 본문으로 돌아가 문장을 마무리 하자.

불타고 있는 페리호에서부터 앞으로 더 나아가며 그 배의 위치를 설명해 준다.

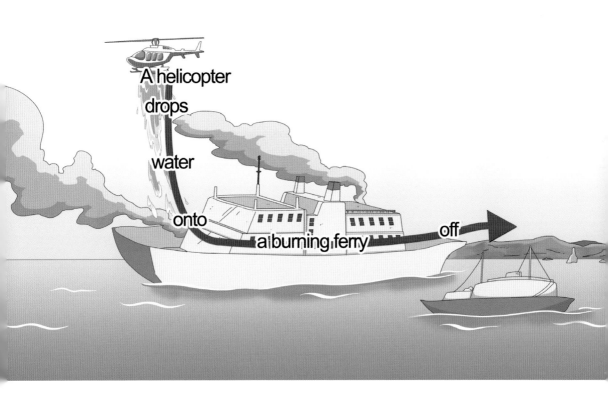

a burning ferry off the island

단어가 등장하는 순서대로 이해를 해 보면, 불타고 있는 페리가 보이고, 그 다음에 **off**가 나오고, 배로부터 멀리 섬이 보인다.

보다시피 **off**의 역할은 앞의 **a burning ferry**가 무엇으로부터 떨어져 있는지를 보여주는 것이다. 즉, 단절과 분리를 의미한다. 그래서 의미는 '떨어져 있는 대상은 ~'이라고 이해하면 된다.

A helicopter drops water onto a burning ferry off the island.

한 헬리콥터 ▶ 떨어뜨리다 ▶ 물 ▶ onto ▶ 한 불타는 페리 ▶ off ▶섬

기존에는 **off**하면 '~에서 떨어져서'라고 의미를 암기했을 것이다. 그러나 "**Off the record!**"라는 말을 한번 생각해보자. 정치인이 기자들과 얘기를 나누기 전, "이제부터는

off the record임을 전제로 하고 얘기합시다"라고 한 뒤 개인적인 의견이나 비밀스러운 이야기를 한다. off the record는 늘 '비공식적인'이라는 숙어로 암기 대상이었다. 하지만 off는 A와 B를 연결해주는 '관절'로서의 구실을 하기 때문에 당연히 그 앞과 뒤에 뭔가가 있어야 한다. 그런데 off가 앞에 무슨 말이 없이 바로 나왔다면 당연히 뭔가가 앞에서 생략되었다는 것이다. 왜 생략했을까? 말하는 사람과 듣는 사람이 당연히 알 만하기 때문에 생략한 것이다. 바로 지금 말하는 사람이 '하려는 말'이 생략되었다.

　(하려는 말) ▶ off ▶ the record

　그래서 '하려는 말이 떨어져 나와 있는데 그 단절의 대상이 바로 기록이다'가 된다. 그러니 당연히 '비공식적인' 것이 되는 셈이다.

전치사의 원어민식 이해

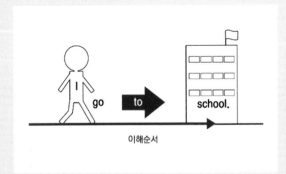

이해순서

I go to school.
나 ▶ 간다 ▶ 나아가서 만나는 대상은 ▶ 학교

숙어란 없다, 화살표(힘)의 연속성이 있을 뿐

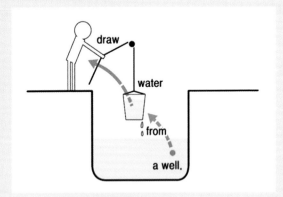

I draw water from a well.
나 ▶ 당긴다 ▶ 물 ▶ 나아오며, 출발지는 ▶ 우물

Memo

09

숙어란 없다
힘의 연속성만 있을 뿐 (2)

주어에서부터 물 흐르듯이 순서대로 흘러가는 영어의 특성을 이해하면 동사에 이어서 뒤에 어떤 전치사가 와야 할지 예측이 가능하다. 그래서 기존에 동사와 전치사를 한 세트로 암기했던 '숙어'는 외울 필요가 없던 헛수고였다.

Baseball players collect signatures from fans who oppose a possible merger of their team with one in Tokyo.

선수들 ▶ 모으다 ▶ 서명들 ▶ from ▶ 팬들 ▶ who ▶ 반대한다 ▶
한 가능한 합병 ▶ of ▶ 그들의 팀 ▶ with ▶ 한 팀 ▶ in ▶ 도쿄.

Baseball players collect signatures from

야구선수들이 뭔가를 모으고 있다. 사진에서 왼쪽에 보이는 선수들이 주인공이고, 그들이 하고 있는 동작이, 손을 앞으로 내밀어서 받고 있는 collect(모으다)이다.

영어를 익히면서 머리에 꼭 담아둘 것은 동사로부터 시작되어 이어지는 힘의 연속성이다. 힘의 연속성이 눈에 보이고 익숙해지면 읽기, 듣기, 말하기까지 다 수월해진다.

자, collect(모으다)의 힘의 방향은 어떤 걸까? ◀── 로서, 주어가 자기 쪽으로 당기는 힘이다. 그렇다면 당연히 당겨지는 대상은 주인공쪽으로 와야만 한다. 그 힘의 대상이 끌려오는 형국이다. 사진에서 보아도 선수들이 두 손을 내밀어 자기 쪽으로 뭔가를 취하는 동작을 확인할 수 있다. 그리고 나서 이어지는 힘의 연속은 당연히 그 모아지는 대상인 '서명들(signatures)'이 주어 쪽으로 당겨져 오는 것이다.

그 모습을 설명해주는 전치사가 바로 from이다. from도 ⬅ 방향이다. '나아오며, 그 출발지는 ~'이란 의미를 가진 from이 안성맞춤이다. 주어 쪽으로 모아지는 '서명들'의 움직임의 출발점이 어딘지 거슬러가는 방향이다.

그래서 'collect + signatures + from'이란 순서가 만들어진다. 이와 같이 동일한 방향을 지닌 힘들의 조화를 통해 영어 문장은 자연스럽게 앞으로 나아가며 만들어 진다. 영어는 'collect ~ from'이란 숙어로 외우지 않아도, 그냥 from이란 전치사는 당연히 와야만 하는 것이다.

그 서명이 온 출발지는, 죽 줄을 서서 서명을 하거나 기다리고 있는 팬들(fans)이다. 아이들의 모자 로고 모양이 선수들과 똑같은 것이 이 팀의 팬들임이 분명해 보인다.

fans who oppose a possible merger of their team with one in Tokyo.

who 이하는 fans(팬들)에 이어서 시작하는 새로운 부가 설명이다. 이렇게 어떤 명사를 좀 더 설명하고 싶을 때 사용하는 말이 '관계사'이다. '선행사가 어쩌고, 수식구조가 어쩌고' 하면서 복잡할 것 전혀 없다. 그냥 앞에 나온 팬들을 그대로 받아서 '그들이(who)'라고 하면서 앞으로 나아가며 말을 만들면 된다. who는 앞의 fans를 주어로 삼아 새로운 문장이 시작된다는 신호이다. 그냥 반복해서 '그들이'라고 이해하고, 동사 oppose로 나아가면 된다. 그 팬들은 반대한다(oppose). 반대하는 대상은 '가능한 합병(a possible merger)'이다. 그 합병과 관련된(of) 주체가 바로 그들의 팀이다.

그런데 merger(합병)는 동사 '합병하다, 합치다'에서 온 명사다. 그렇다면 당연히 다음에 올 말들도 이 동작의 힘에 영향을 받는다. 합치기 위해서는 옆에 뭔가가 있어야 한다. 그래서 '함께 하는 대상'을 불러 오는 전치사 with를 사용하게 된 것이다. 그래서 당연히 전치사 with가 오는 것이다.

merger ➡ with

합병하는 그 대상이 바로 '한 팀(one)'이고 그 팀이 있는 둘러싼 장소가(in) 동경(Tokyo)이다.

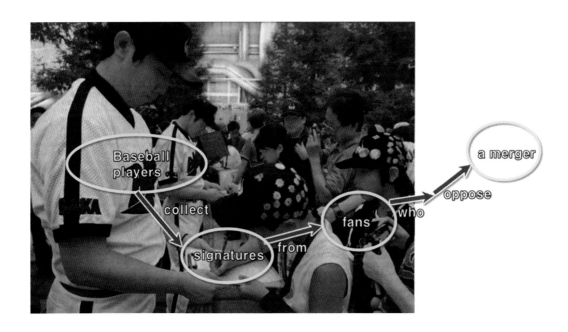

Baseball players collect signatures from fans who oppose a possible merger of their team with one in Tokyo.

선수들 ▶ 모으다 ▶ 서명들 ▶ from ▶ 팬들 ▶ who ▶ 반대한다 ▶
한 가능한 합병 ▶ of ▶ 그들의 팀 ▶ with ▶ 한 팀 ▶ in ▶ 도쿄.

자, 이처럼 문법적인 설명이나 이해에 대해 특별히 신경을 쓰지 않아도 주어가 무엇인지 확인한 후 그 주어에서부터 이어지는 순서대로 차근 차근 이해가 되고 말이 되는 것이 바로 영어의 진면목이다.

전치사의 원어민식 이해

collect + signatures + from + fans

collect(당기는 힘) + 힘을 받는 대상 + from(움직인 출발지)

They are looking forward to seeing Tom.
(그들 ▶ 이다 ▶ 시선을 주고 있는 중 ▶ 앞으로 ▶ 나아가 만나는 대상은 ▶ 만나기 ▶ 탐)
look이 '시선을 주다'로서 '주다'의 힘을 가지고 있다. 그래서 앞으로 나아가는 forward
와 to가 어우러져 나오게 된 것이다. 그래서 "기대하다"란 의미가 자연스럽게 만들어진
다.
look forward to를 예전에는 '숙어'란 이름으로 외웠겠지만, 단어가 연결된 모습 그대로
'시선을 주고 있다 ▶ 앞으로 ▶ 나아가 만나는 대상은'과 같은 힘의 연속성으로 보면, 굳
이 외워 두지 않아도 문맥 내에서 이해하는 데 지장이 없다.

10

동사의 방향만 결정되면
자연스럽게 따라오는 전치사 (1)

동사에 이어서 뒤에 어떤 전치사가 와야 할지 예측이 가능한 이유는 특정 동사의 방향이 결정되면 그와 유사한 전치사가 뒤에 따라오기 때문이다. 이러한 동사가 지닌 힘의 방향과 전치사와의 연속성을 이해하는 것이 쉽게 영어로 말을 만들 수 있는 비법이다.

Rescue workers remove bricks from crushed cars near the remains of a collapsed two-story building in Paso Robles, Calif., following an earthquake Monday.

구조 대원들 ▶ 치우다 ▶ 벽돌 부스러기들 ▶ from ▶ 부서진 차량들 ▶near ▶ 잔해들 ▶ of ▶ 한 무너진 2층 건물 ▶ in ▶ 패소로블스 ▶ 캘리포니아 ▶ following ▶ 한 지진 ▶ 월요일 주어인 rescue workers(구조 대원들)로부터 시작해 보면 주어인 rescue workers에 가장 가까운 단어는 바로 손을 움직여 하는 동작인 remove(치우다)이다. 그리고 그 다음에 나올 말은 치우는 손끝에 닿는 대상인 bricks(벽돌 부스러기들)임은 너무나 당연한 순서일 수 밖에 없다.

여러분이 현재 책을 읽는 그 순간에 뭔가를 치우는 동작을 해보자. 먼저 여러분 자신이 있고, 그 다음에 손이 움직이고, 그 다음에 손으로 치워지는 대상이 와야 하지 않겠는가?

이렇게 영어는 주어에서부터 가까운 순서대로, 움직이는 순서대로라는 것을 그냥 말로 설명하기 보다 이렇게 사진과 영어 문장을 한 단어 한 단어 비교해보면 너무나 당연하고 그렇게 하지 않는 것이 더 이상할 정도이다. 그래서 우리는 지금 영어를 사진 기사나 그림을 활용해 배우고 있는 것이다. 이러한 방법이 원어민 아이가 원어민 엄마에게서 엄마의 동작이나 주위의 장면을 통해 배우는 것과 유사하다.

이제 bricks 다음 단어도 틀림없이 주어에서부터 가까운 순서대로, 움직이는 순서대

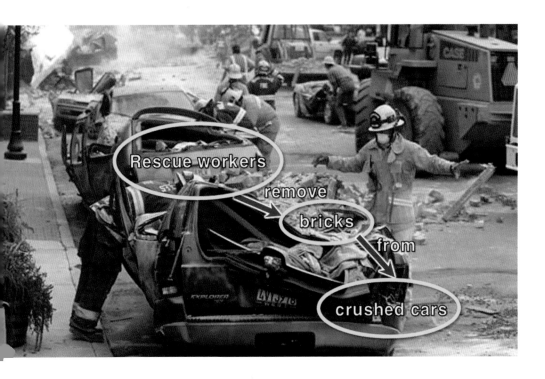

로의 원칙에 따라 나올 것 임을 생각하며 그림과 함께 맞추어 가는 동시에 영어로 어떻게 말을 만들어 나가는지를 경험해 보자.

bricks 다음에 나오는 말이 from이다. 그런데 여러분은 예전에 from하면 '~ 로부터'라고 암기 했기때문에 일단 from 뒤에 나오는 crushed cars(부서진 차량들)을 보고서 거꾸로 뒤집어서 의미를 완성해서 '부서진 차량으로부터'라고 하고 싶을 것이다. 이렇듯 영어를 단어가 나오는 순서대로 이해하는데 있어 가장 큰 문제는 우리가 기존에 익혀온 '거꾸로 해석법'이다. 이런 유혹에 여전히 끌려 가면 영원히 거꾸로 된 해석에서 벗어 날 수가 없다. 원어민 방식대로의 이해가 너무나 어렵고 외국에 나가 살아야만 가능한 것이 아니라 그냥 영어 기사와 해당 사진이나 그림을 한 단어 한 단어 맞추어 가면서 이해해 나가다 보면 자연스럽게 익힐 수 있다.

사진을 통해, from의 잘못된 이해 순서를 바로 잡아 보자.
일단 remove 다음에 대상인 bricks가 있고, 이어서 from이 나오고 그 다음에 crushed cars가 나온다.
remove의 동작의 방향이 어떻게 되는가? ⤵ 와 같이 구조 대원 쪽으로 당기는 힘의 방향이다. 그 동작의 끝에 걸려서 주어 쪽으로 벽돌 부스러기들이 오게 된다. 연속적으로 그려 보면

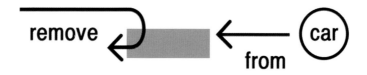

과 같다. 이 그림에서 보면 from의 자리가 어디인지 그 모양새가 어떠해야 할 지는 한

눈에 바로 보일 것이다. **from**은 보는 바와 같이 주어 쪽을 향하여 움직이는 화살표의 모습이다. 그 자체로 이해하면 끝이다. 하지만 군이 우리말로 만들자면 **'나아오며, 출발점은 ~'**이라고 할 수 있다. 이것이 바로 **from**을 보자 마자 그 자리에서 완전히 이해하고, 그 뒤에 이어서 나오는 단어를 기다리는 원어민들이 마음에 가지고 있는 **from**의 그림이다.

이렇게 **from**을 이해하고 나면 군이 긴 설명이 필요 없이도, 여러분 머리 속에 Rescue workers ▶ remove ▶ bricks ▶ from ▶ crushed cars 가 한꺼번에 죽 순서대로 해결이 되리라 생각한다.

구조 대원들 ▶ 치우다 ▶ 벽돌 부스러기들 ▶ 나아오며, 출발점은 ▶ 부서진 차량들

다음에 이어지는 말을 살펴보자.
near the remains of a collapsed two-story building

부서진 차들이 있고 그 차들 가까이에 있는 것이(**near**) 무엇인가 보았더니 **the remains**(잔해들)이다. **the remains** 다음에 나오는 말이 **of a collapsed two-story building**이다.

the remains(잔해들)이 밀접한 관계를 맺고 있는(**of**) 것이 무엇인지 설명이 추가가 된다. 그것이 바로 한 무너진 이층 빌딩(**a collapsed two-story building**)이다.

이처럼 앞 단어와 뒤에 이어지는 단어를 연결해주는 튼튼한 이음새인 **of**의 역할을 보자.

'잔해들 ▶ 밀접한 관련이 있는 것은 ▶ 한 무너진 이층 빌딩'이라고 하면 잔해들이 원래는 한 무너진 이층 빌딩이였음을 상식적으로 파악하게 된다.

학창시절에 'be made of' 'be made from' 등이 단골 시험 문제로 등장 했었고, 숙어로도 열심히 외웠던 기억이 있을 것이다. 그리고 '화학적 변화냐, 물리적 변화냐, 성질이 변했느냐, 안 변했느냐'를 따져가며 구분해서 외웠던 기억도 생생하다. 하지만 이거 참 웃기는 얘기다. 말대로라면, 이 숙어들을 제대로 써먹기 위해서는 물리나 화학도 다 알아야 된다는 말 아닌가? 도대체 우리의 영어는 왜 이렇게 지식이 많아야만 가능하단 말인가? 하지만 이제는 이런 걱정 굳이 하지 않아도 된다. 왜냐하면 그냥 원어민 사고만 적용하면 다 해결되기때문이다.

'만들어지다(**be made**)'란 동작은 동작의 연속적인 관점에서 보면, 당연히 만들어진 재료가 와야 한다. 그래서

주어 ▶ 만들어 지다 ▶ of (밀접한 관련이 있는 것은 ~)

처럼, 전치사 **of**로 이어져 만들어질 때 사용 된 재료가 이어진다.

The ring is made of gold.

그 반지 ▶ 만들어지다 ▶ 밀접한 관련이 있는 재료는 ▶ 금

이렇게 **of**를 '밀접한 관련이 있는 재료는~'이라고 센스 있게 앞에 나온 동사에 맞춰 의미를 바꾸어 보았다.

그런데 다음 문장에서는 **be made** 다음에 다른 전치사 **from**을 사용하였다.

Ethanol is made from corn.

이렇게 전치사가 바뀐 이유도, 그냥 주어에서부터 말을 만들어 보면 자연스럽게 알게 된다. 화학적 지식까지 동원하지 않아도 된다. '에탄올'이 만들어 진다. 그런데 이 에탄올은 눈으로 봐서는 도대체 재료가 뭔지 알 수가 없다. 그래서 이 에탄올이 만들어지는 과정이, 즉 공정을 통해 나아온 변화를 설명하는 것이다. 그래서 '나아오고, 출발지는 ~'의 의미를 가진 **from**이란 전치사가 오는 것은 너무나 당연해 보인다.

에탄올 ▶ 만들어지다 ▶ 나아오고 그 원 재료는 ▶ 옥수수

라고 자연스럽게 이해가 되는 것이다.

a collapsed two-story building in Paso Robles, Calif., following an earthquake Monday.

그 다음에 이어진 **following an earthquake**을 보자.

following 또한 기존에는, **following** 뒤에 이어 나온 '지진(**an earthquake**)'에서부터 시작해서 '한 지진에 이어(후에)'라고 거꾸로 해석을 하지 말고, 사진을 보면 명확히 파악되는 순서대로의 내용 중심으로 **following**의 의미를 살펴보자.

사진에 일단 보이는 현재의 장면과 지진과의 관계는 무엇일까? 상식적으로 생각해서 이러한 아수라장 앞서 먼저 일어난 일이 '지진'이라고 생각되지 않는가? 이렇게 사진에서 보이는 장면을 기준으로 지진과의 전후 관계를 생각해 보면 당연히 "이전에 일어난 일은 ~" "앞선 일은 ~" 지진이다.

이처럼, 이전에 일어난 일이 무엇인지를 나타내는 말이 바로 이 **following**의 역할이다. **following**은 "**앞서 발생한 일은~**" 하고서 다음에 나오는 말을 기다리면 된다.

following an earthquake은 편안하게 단어가 등장한 순서대로 철저히 앞으로 나가면서 "앞서 발생한 일은 한 지진"이라고 이해하면 된다.

결국 following도 앞에서부터 순서대로 이해를 해 보니 기존에 암기했던 "~ 후에" 라는 의미가 **"앞서 발생한 일은 ~"** 이 되어 그 의미가 180도 바뀌게 된다. 이렇게 원어민의 사고와는 정반대가 되는 식으로 기존에 영어를 배워왔으니 어찌 제대로 될 수가 있었겠는가?

from, near, of, following와 같은 전치사들을 기존에 학교나 사전에서 암기한 의미들을 가지고 뒤에 오는 단어와 거꾸로 꿰어 맞춰서 해석하려고 하지 말고, 앞에서 살펴본 새로운 의미들을 받아 들여 그냥 문장이 흘러가는 순서대로 사진과 자연스럽게 일치 시키면서 순서대로 그림과 문장에 생명을 불어넣어 보자. 주어에서부터 확장되는 자연스러운 동선을 느끼는 이 순간이 여러분의 영어식 사고가 형성되는 순간이다.

이제 전체 문장을 자연스럽게 죽 ~ 이해해 보자.

Rescue workers remove bricks from crushed cars near the remains of a collapsed two-story building in Paso Robles, Calif., following an earthquake Monday.

먼저 사람들이 보이는데 그들이 바로 '구조 대원들'이다. 그리고 그들이 하는 동작을 보라. 열심히 뭔가를 '치워내고 있다'. 그 구조 대원들 앞에 있는 것들이 바로 '벽돌 부스러기들'이다. 사진의 동선이 주어인 구조대원들에서부터 시작해서 손으로 이동하고 그 다음에 벽돌 부스러기들로 이어진다. 그리고 그 부스러기들 아래에는 '부서진 차량들'이 있다. 그리고 나서 주위로 시선을 옮겨 보면, 차량들 근처에 '잔해들'이 보인다. 그 잔해들의 원본체가 무엇인지는 사진에 포함을 되어 있지 않지만 보도 옆에 있었던 이미 '무너져버린 2층 건물'이었다. 지금 이 현장이 있는 곳이 '패소로블스'란 곳이며 더 큰 지역 개념으로 확장해 보면 '캘리포니아 주'가 나오고 그리고 시간적으로 이미 일어난 사건을 언급하는데, '지진'이 있었으며, 때는 '월요일'이었다.

11

동사의 방향만 결정되면
자연스럽게 따라오는 전치사 (2)

동사에 이어서 뒤에 어떤 전치사가 와야 할지 예측이 가능한 이유는 특정 동사의 방향이 결정되면 그와 유사한 전치사가 뒤에 따라오기 때문이다. 이러한 동사가 지닌 힘의 방향과 전치사와의 연속성을 이해하는 것이 영어로 쉽게 말을 만들 수 있는 비법이다.

A player pins the opposing player against the boards during the third period of their NHL game.

한 선수 ▶ 움직이지 못하게 고정하다 ▶ 상대편 선수 ▶ against ▶ 경기장 보드 ▶ during ▶ 셋째 피리어드 ▶ of ▶ 그들의 NHL 경기.

A player pins the opposing player

주어는 푸른 유니폼의 선수이다. 취하는 동작은 핀으로 고정하듯이 움직이지 못하게 하고 있다. 그 대상은 하얀색 유니폼의 상대편 선수이다.

pin하면 다들 '핀'이 생각 날 것이다. 그러나 본문에서는 '핀'이 동사로도 쓰였다. 그러면 어떤 의미가 될까? 사전을 찾아 보지 않아도 아이스 하키 선수들 간에 일어나는 위 사진과 같은 동작이 바로 pin임을 알 수 있다. 사전이 우선하는 것이 아니라 이렇게 문장 내에서, 사진, 그림 안에서 이해하는 의미가 더욱 더 정확하고 생동감 있는 살아 있는 의미이다.

모르겠다 싶으면 무조건 사전을 찾는 것은 바람직하지 못하다. pin처럼 어떤 의미일 것이라고 문장이나 문맥 내에서 가능한 모든 방법을 다 사용해서 추측을 하고 주위 여건을 통해 스스로 충분히 생각을 해 보고 나서 사전을 찾아 보아야만 한다. 그렇게 할 때 여러분 뇌리에 탁 박히게 된다. 사전은 제일 마지막 수단이다.

굳이 찾지 않아도 이해하는데 지장이 없다면 고민하지 말고 그냥 넘어가도 무방하다. 사실 우리가 알고 있는 한국말 단어도 국어 사전과 똑 같지 않은 경우가 허다하다. 하지만 우리가 그런 한국말 단어들을 사용하고 서로 의사 소통하는데 지장이 없는 것을 보아도 굳이 사전에 나오는 의미대로 완벽하게 100% 틀리지 않고 똑 같이 알고 있을 필요는 없는 것이다.

pin은 사진에서 보는 바와 같이 '꼼짝 달싹 못하게 만드는 동작'이다. 그래서 발전을 시키면, '핀으로 고정시키다/ 체포하다/ 속박하다/ 얽매다' 등 문맥에 따라 다양한 의미가 될 수도 있다. 하지만 여전히 기본 개념인 '핀'의 성격은 유지를 한다. 그래서 어떤 문장에서 다양하게 사용이 되더라도 그냥 pin의 느낌만 가지고 명사나 동사나 그 형식에 맞춰 적용하면 그만이다. 이처럼 단어의 기본 개념을 파악하는 것은 대단히 중요하다.

pins the opposing player against the boards

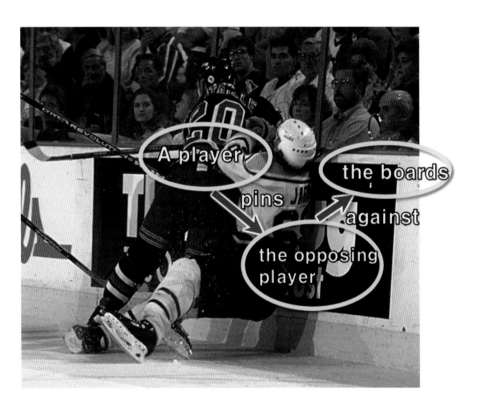

앞 선수가 pin하여서 뒤에 있는 선수가 꼼짝 달싹 못하게 되는 순간 그 선수는 '쿵'하면서 벽에 부딪힌다. 이 '쿵'하는 그 느낌이 바로 against이다.

여러분이 고정 당하는 그 선수라면, 뒤 경기장 벽이 먼저 오겠는가 아니면 '쿵'하는 충격이 먼저 오고 그리고 '벽'이 오겠는가?

당연히 맞부딪히는 힘을 느끼고 그리고 나서 그 버티고 있는 힘의 원천인 board를 만나게 된다.

이와 같이 실전에서 원어민 사고 방식대로 순서대로 확인 한 바대로, against는 뒤의 board를 먼저 해석을 하여 거꾸로 거슬러 올라와 '보드에 충돌하여' '보드에 대하여'라고 할 것이 아니라, 순서대로 '상대편 선수가 **맞부딪히는(충돌하는) 대상은** 경기장 보드이다'라고 이해 해야 한다.

이제 이해가, 원어민 방식대로 제대로 물 흘러가듯 바로 잡혔다. 그리고 더 나아가 이렇게 순서대로 이해하는 것에서만 그치지 말고 '어떻게 하면 내가 이런 말들을 만들어 할 수 있을까?'로 관심이 넘어가야 한다. 말하기가 제대로 되어야 진정 영어를 공부하는 목적이 제대로 달성이 되기 때문이다.

이 문장에서 사실 가장 중요한 것은 주어 다음에 등장하는 '동사'이다.

주어는 누구든, 무엇이든 간에 하나 정하기만 하면 된다. 그래서 그 주어가 하는 동작이 영어 문장에서 제일 중요하다고 할 수 있다. 왜냐하면 그 동작인 '동사'에서부터 시작되는 힘의 방향이 문장의 방향을 결정하고, 그 뒤에 연속으로 이어져 오는 전치사를 결정하기 때문이다.

이 문장에서 동사는 pin이다. 주어에서부터 '움직이지 못하게 고정하는 힘'이 나온다. 그 동사의 힘을 받는 대상이 '상대편 선수'이며, 상대편 선수는 그 힘에 의해 자연스럽게 '쿵'하고 부딪히게 된다. 그렇게 "쿵'하고 부딪히고, 맞서는 대상을 만나는'것을 전치사 against로 나타낸다.

pin ▶ 상대편 선수 ▶ '쿵'하고 부딪힘

➡ ⋯⋯⋯▶ ⋯⋯⋯⋯▶

이렇게 자연스럽게 힘이 연속적으로 이어져 앞으로 나가는 것이 영어의 속성이다.

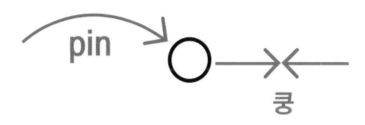

pin ▶ the opposing player ▶ against

이러한 '동사의 힘과 방향이 결정되면, 자연스럽게 적합한 전치사가 따라온다'는 영어의 핵심 원리를 숙달하면, 머리를 쥐어 짜내는 고생을 하지 않아도, 이전에 외우지 않았어도, 편안하게 주어를 결정하고, 그 주어가 하는 동작만 결정하면, 그 다음은 일사천리로 편안하게 영어 문장을 만들게 되는 날이 머지않아 오게 될 것이다.

during the third period of their NHL game.

그때 동시에 진행되는 일은 셋째 피리어드이며 **of**를 통해 그 피리어드가 속한 전체가 그들의 **NHL** 경기임을 알 수 있다.

우리말로는 저 먼 곳에서부터 안으로 들어오는 사고를 원칙으로 하기 때문에 '그들의 NHL 게임의 셋째 피리어드 동안'이라고 생각을 하고 영어 문장도 그렇게 해석을 하고 싶어 한다. 하지만 **'영어는 철저히 주어에서부터 출발하여 앞으로 확장하여 나아가는 사고'** 이다 보니, 주인공이 접하고 있는 가장 가까운 시점은 바로 현재 플레이를 하고 있는 '셋째 피리어드'이다. 그래서 이 '셋째 피리어드'를 먼저 말해야 한다. 그리고 난 다음에, 이 '셋째 피리어드'가 관련 된 '전체 경기'로 시선을 확장시켜 나가는 것이다.

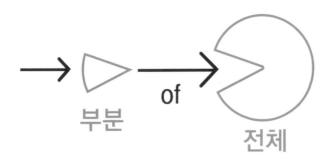

관련된 부분 ▶ 연결되어 있는 ▶ 전체

눈 앞에 보이는 장면이나, 머리 속에서 생각하는 장면이나 상황을 순서대로 철저히 옮겨 놓은 것이 바로 영어로 된 글이며, 말이다. 즉, 사진 기사처럼 사진의 장면을 영어 기사로 풀어 낸 것이 원어민이 영어로 문장을 만들어 내는 원리와 동일하다는 말이다.

아래 사진에 그려 넣어진 주어에서부터 앞으로 나아가며 확장되는 동선을 따라, 가까운 순서대로 한 단어 한 단어 말하다 보면, 어느새 영어로 완벽한 문장이 만들어진다.

사진 전면에 보이는 선수에서 출발하여 먼저 그 선수가 취하는 동작인 pin을 통해 충격을 받는 상대편 선수를 만나고 그리고 나서 동시에 그 선수가 '쿵'하는 느낌을 받고서 경기장 보드를 만난다. 그리고 시선을 계속 확장시켜 나가보면 그 때 진행되고 있는 일은 셋째 피리어드이며, 둘러싼 전체는 NHL 경기이다.

사진 하나를 더 이용해, 동사 힘의 연속성에 대해 조금 더 훈련을 해보도록 하자.

A tiger fights against the other one in a pool of water at the zoo.

A tiger fights

주인공인 왼쪽의 호랑이에서부터 문장이 시작된다.

주어인 왼쪽 호랑이가 싸우고 있다.

　　호랑이가 싸우는데 주어에서 순서대로 확장하면서 화살표를 따라가다 보면 서로 맞서는 대상이 나온다.　이렇게 **fight** 싸우는 동사의 힘이 결정되면, 자연스럽게 이어져 나올 말은 맞서는 힘이 나오게 된다. 그래서 '**맞부딪히는(충돌하는) 대상은 ~**'이란 의미를 가진 **against**란 전치사를 다음에 바로 불러 오게 된다.

　　이렇게 영어를 이해하거나 말을 할 때, 동사의 힘과 방향성을 제대로 인식하고 있으면, 그 뒤에 나올 말은 당연히 그 힘과 방향성에 철저히 일치하기 때문에 쉽게 영어 문장을 이해하거나 말을 만들어 나갈 수 있다.

A tiger ▶ fights ▶ against ▶ the other one

한 호랑이 ▶ 싸우다 ▶ 충돌하는 대상은 ▶ 다른 호랑이

주어인 한 호랑이(왼쪽)가 싸우면서 지금 대항하는 대상이 누구인가? 다른 호랑이(오른쪽)이다. 이제부터는 이렇게 against를 보자 마자 바로 '맞부딪히는(충돌하는) 대상은 ~'하면서 바로 그 대상을 기다려야 한다. against는 '~를 대항해서, ~에 상대하여'가 아니라, 바로 '맞부딪히는 대상'을 불러 오는 말인 것이다.

그냥 against만 나오고 뒤에 이어지는 말이 아직 나오지 않았더라도 싸우다(fight) 그러면 맞부딪히는 대상은 누구지? 이렇게 기대하면서 문장을 읽어 나가면 된다.

그리고 나서 이어지는 내용은 in a pool of water at the zoo이다.

in은 이미 여러 번 앞에서 했었다. '안에 있고 둘러싼 것이' 웅덩이다. 그리고 웅덩이와 '밀접하게 관련이 있는 것은(of)' 물이다. 그리고 at '점으로 만나는 장소는' 동물원이다. 이렇게 장소도 주인공과 가까운 순서대로 나아가며 확장해 나가면 간단히 해결이 된다.

A tiger ▶ fights ▶ against ▶ the other one ▶ in ▶ a pool ▶ of ▶ water ▶ at ▶ the zoo.

12

주어에서 힘이 나갈 때와
주어가 힘을 받을 때

주어에서 시작한 힘의 방향은 상식적으로 2가지밖에 없다. 따라서 능동태니 수동태니 하는 문법 용어를 갖다 붙일 필요 없이 '주어에서 힘이 나갈 때'와 '주어가 힘을 받을 때' 이렇게 구분하면 간단하다.

A man is carried by the rescue man into an ambulance.

전치사를 정확히 몰라도 그림과 함께 단어를 순서대로 1:1로 맞추어 가면서 읽되, 다시 강조하지만 무조건 앞에서부터 한 단어 한 단어 순서대로 이해하기 바란다.

한 남자 ▶ 옮겨지다 ▶ by ▶ 구조요원 ▶ into ▶ 구급차.

'한 남자'가 주어이다. 그 남자가 '옮겨짐'을 당하고 있고 옮기는 '힘의 원천이(by)'이 구조 요원이다. 그렇게 해서 '안으로 들어갔는데(into)' 들어간 곳은 구급차다.

어떤가? 군이 사전을 참조하지 않고 단지 그림이 전개되는 것만 순서대로 보고서도 전치사 **by, into**의 의미들을 대충 알아차릴 것 같지 않은가? 원어민들은 군이 문법을 들먹이며 이러쿵 저러쿵 복잡하게 생각 할 필요 없이 **문법 사항들을 이렇게 자신이 직접 처하는 상황 가운데에서 몸으로 바로 바로 익힌다. 우리가 한국말을 할 때에도 문법 고민없이 그냥 말을 편하게 하지 않는가?** 우리의 영어 공부가 힘들었던 이유 중의 하나가 이해의 중요한 핵심인 '상황(그림, 사진)'의 도움 없이 그냥 글자 자체로만 영어를 배웠기 때문이다. 그것도 오직 한국말 번역을 위한 거꾸로 해석 방식으로 말이다.

A man is carried

누워 있는 한 남자가 주어이다. 주어 다음에 'is + carried' 란 형태의 말이 이어진다.

통상 '**주어 ▶ 동사 ▶ 대상**'의 어순은 주어에서 힘이 발산이 되고 그 힘의 영향을 받는 대상인 목적어가 오는 경우이지만, 반대로 주어가 힘을 받게 되는 경우도 있다. 이렇게 주어 다음에 동사가 나올 경우 먼저 '힘을 가하는지' 또는 '힘을 받는지'를 먼저 파악하는 것이 중요하다.

이때 문장의 모습은 '**주어+ be + 동사의 과거분사**'가 된다.

위에서 carried는 carry(나르다)의 과거분사 형태인데, 사전에 carry를 찾아보면 (carry-carried-carried) 이렇게 나란히 동사의 세가지 형태가 표시되어 있을 것이다. 세 번째 형태를 '과거분사'라고 하는데 과거분사는 '**어떤 동작이 이미 완료되었음**'을 뜻한다. 이러한 'be+과거분사'의 형태를 학교에서 '수동태'라고 배웠을 것이다. 그러나 능동태니 수동태니 하는 문법 용어 갖다 붙일 필요 없이 그냥 '**주어에서 힘이 나갈 때**'와 '**주어가 힘을 받을 때**' 이렇게 구분하면 간단하다. 여기서 문법 용어 하나 아는 것보다 더 중요한 건, 왜 주어가 힘을 받을 경우 'be+과거분사'의 형태를 취하느냐를 이해하는 것이다.

그 이유는 간단하다. 주어가 힘을 받을 경우 그 주어는 가만히 있게 된다. 그래서 존재를 나타내는 be동사가 나온다. 그리고 가만히 있는 가운데 어떤 힘이, 즉 어떤 동작이 주어 쪽으로 가해진다. 주어가 가해진 동작을 느낄 때는 이미 그 동작은 종점에 도달한 것이다. 그래서 동작의 완료를 나타내는 동사의 세 번째 형태인 과거분사 형태를 사용하는 것이다.

본문으로 다시 돌아오면,

A man is carried by the rescue man

한 남자가 carry하는 동작의 힘을 받는 상황에서 그 다음에 이어지는 by에 주목하자.

주인공이 옮겨질 때 누워 있는 들것을 옮겨 주는, 힘을 쓰는 존재가 와야 하지 않겠는가?

우리말로는 뒤에서 힘을 가하는 힘의 원천으로부터 해석을 거꾸로 시작해서 'B에 의해서 A가 ~되다' 라고 하지만, 어순 그대로 주어에서부터 순서대로 이해를 하면 당연히 **'주어 ▶ be ▶ 과거분사 ▶ 힘의 원천'** 이 되어야 한다. 이렇게 힘의 연속성에 따라 주어에서부터 순차적으로 이해를 해야만, 'be+과거분사' 뒤에 왜 전치사 by가 자주 오는지도 저절로 이해가 된다.

'주어 ▶ be ▶ 과거분사'가 주어에서 가해진 힘을 순서대로 그려냈다면, 그 다음에는 '힘이 어디서 나왔는지, 그 힘을 누가 가했는지'가 나오는 건 너무나 당연한 순서 아닌가. 여기서 원어민의 사고방식 속에서 by가 어떤 의미를 가지는지 분명히 드러난다. 즉 by는 뒤에서부터 거꾸로 해석해서 '~에 의해서'라고 할게 아니라, **앞에 일어난 '동작(힘)의 원천'이 무엇인지, 그걸 나타내는 것**이다.

그래서 by를 이제는 '~에 의해서'가 아니라 '힘을 받는데, 그 힘의 원천은 ~'이라고 바꾸자. 그냥 '이렇게도 한번 해 보자!'라고 하는 것이 아니라, 앞에서부터 원어민 사고대로 순서대로 말을 만들어보면 당연히 이런 의미가 되어야 한다는 상식에 근거해서 바꾸게 되는 새로운 의미일 뿐이다.

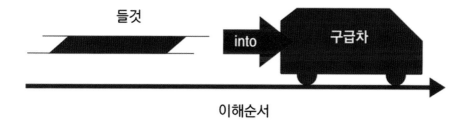

이제 문장은 into ~ 로 이어진다.

A man is carried by the rescue man into an ambulance.

한 남자(들것에 누워있는)와 구급차 사이의 **into**는 그냥 사진만 보아도 무슨 의미인지 알 것 같지 않은가? 들것에 누워있는 한 남자가 '안쪽으로 죽 들어가고, 그 들어가는 영역'이 바로 구급차 아닌가. 이렇게 **into**의 의미는 '안으로 들어가 보니~'라고 이해하면 된다.

우리말로 어떤 해석이 더 매끄러운가를 따질 게 아니라, 어떻게 이해하는 것이 단어가 배열된 어순대로 이해해가는 방법인가가 중요하다.

먼저 동작이 나아가는 방향의 연장선상에 **into**가 나오고 그 방향의 종착지인 '구급차'가 등장하고 있다. 그렇다면 절대로 저 뒤에 등장하는 구급차에서부터 거꾸로 시작해서 '구급차 안으로'라고 해석하지는 말아야 한다. 이렇게 해도 어떻게든 해석은 될지 모르나 결코 영어식 이해는 아니다. 이렇게 해서는 따로 국밥식 영어만 될 뿐이다. 회화 따로, 청취훈련 따로, 독해 따로, 영작 따로, 문법 따로... 해석이 어쨌든 되기는 되는데, 듣기도 안

되고 말하기도 안되고, 영작도 안되는 반 귀머거리, 벙어리 영어가 되는 것이다.

단어를 보자마자 순서대로 이해할 수 있어야, 듣기를 할 때 한 단어 한 단어 들리는 순서대로 바로 이해를 할 수 있게 되고, 나아가 사고가 바뀌어 말하기도 영작도 내가 생각하는 순서대로 바로 바로 단어를 늘여 놓으면서 문장을 만들어가는 원어민 같은 영어가 될 수 있다. 예전처럼 거꾸로 뒤집어서 이해하는 방식으로는 늘 해석은 되는데 다른 것들을 전혀 실력이 늘지 않는 자신이 생각해도 답답하기만 한 속수무책의 영어 공부가 될 뿐이다.

이제 다시 전체 그림을 죽 훑어보도록 하자.

A man is carried on a stretcher by the rescue man into an ambulance.

한 '남자'가 옮겨지고 있다. 누워 있는 곳이 '들것'이고, 그 들것을 들고 옮기는 힘의 원천이 '구급 대원'이 나오고, 이제 이동해서 안으로 들어가는 대상인 '구급차'를 만난다.

이 문장에서 'is carried'란 주어가 힘을 받는 동작은 아주 막강한 힘의 연속을 발휘했다. '옮겨지다'란 동작으로 인해, 먼저 주인공이 몸이 접하는 'on'을 자연스럽게 불러왔고, 그리고 나서 그 옮겨지는 동작을 일으킨 '힘의 원천'을 나타내기 위해 'by'를 오게 했으며, 최종적으로 옮겨지는 도착지를 오게 함으로, 'into'를 필요로 하게 되었다.

이처럼 영어는 동사로부터 시작한 힘의 연속성이 문장을 자연스럽게 만들어내게 된다. 이 얼마나 놀라운 발견인가!

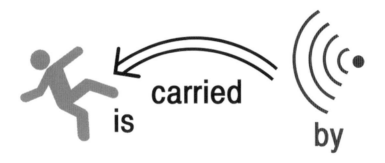

주인공 ▶ be carried ▶ on ▶ ~~~ ▶ by ▶ ~~ ▶ into ▶ ~~~

예전에는 영어 문장을 읽을 때나 들을 때 그냥 아무 생각없이 그저 해석하는데 급급하였다면, 이렇게 주인공의 동작이 만들어 내는 자연스러운 힘의 연속성을 통해, 영어 문장이 앞으로 죽~ 죽~ 꿰어지는 편안함과 놀라움을 느껴보지 않겠는가?

13

문법의 절반, 동사와 관련된 문법
한 번에 해결하기 (1) 분사개념

주어에서 시작된 동작의 힘이 전체 문장을 좌지우지 한다는 단순한 원리만
이해하면 문법의 절반이 해결된다.

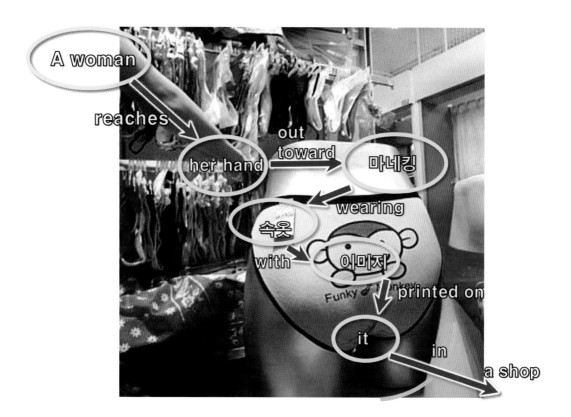

A woman reaches her hand out toward the mannequin wearing underwear with the image of monkey printed on it in a shop.

한 여자 ▶ 뻗치다 ▶ 그녀의 손 ▶ out ▶ toward ▶ 마네킹 ▶ 입다+ing ▶ 속옷 ▶ with ▶ 이미지들 ▶ of ▶ 원숭이들 ▶ 프린트하다+ed ▶ on ▶ 그것 ▶ in ▶ 상점.

이 문장 내에서 전치사를 비롯한 기능어들이 차지한 비율이 얼마나 될까? **'a'까지 포함하면 거의 50%**에 육박한다. 이러한 기능어들은 이미 중학교 수준에서 나온 단어들이기에 여러분들은 아무리 그 외의 다른 단어들을 모른다 치더라도 문장의 50%는 쉽게 이해가 되어야 정상이다. 그러나 실전에서, 특히 '듣기'에서는 50%도 안 들린다. 이처럼 사실 우리는 단어(내용어)를 많이 몰라서 영어를 제대로 못하는 것이 아니다.

쉬운 말인 것 같으면서도 out, toward, of, with와 같은 기능어들이 자연스럽게 원어민의 관점으로 이해되면서 그림이 그려지지 않기 때문에 영어가 마냥 어렵게 느껴지는 것이다.

사람들이 흔히 "단어를 다 찾았는데도 이해가 안 된다"는 말을 자주 한다. 그것이 바로 영어 전체를 이어주는 연결고리 구실의 전치사나 관계사, 접속사와 같은 기능어를 원어민 방식대로 제대로 알고 있지 못하기 때문이다.

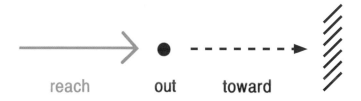

reach   out   toward

A woman reaches her hand out toward the mannequin

주어(a woman) ▶ 동작(reach) ▶ 대상(her hand) ▶ 방향 1(out) ▶방향 2(toward) ▶ 목표물(the mannequin) 이러한 사진과 문장의 연속된 일치에서 보듯이, 전치사 toward는 동작이 밖으로 분출되어 목표물에 이르는 사이에 위치해 있다.

동사 **reach**는 손을 뻗치는 동작이니 ➡방향이다. 그리고 **out**도 역시 위치가 '밖'이다. 더불어 **toward**는 그 뻗친 동작이 더욱더 ➡방향으로 전진하도록 이어주고 있다.

이처럼 영어에서는 동사에서부터 이어지는 힘의 연속성이 대단히 중요하다. 영어는 주어에서부터 나오는 힘이 대상에 가해지고 그 대상이 그 힘을 받은 결과 어떻게 되는지가 순서대로 말이 나오게 되어 있는, 너무나 자연스럽고 쉬운 언어이다.

그래서 주어에서부터 동사, 목적어, 전치사를 거치는 동안 일어나는 힘의 연결은 물 흐르듯이 자연스럽게 이어질 수밖에 없다. 정확히 논리적인 순서에 입각하여 단어를 나열하는 순서가 중요하다. 일단 어떤 단어를 시작점으로 하면, 그 시작점으로부터 과학적으로 가까운 순서대로, 움직이는 순서대로의 기본 원칙에 의해 단어를 나열하면 된다.

toward를 영한사전에 찾아보면 '~ 쪽으로' '~을 향하여'라고 **toward** 뒤에 나오는 단어에서부터 거꾸로 해석하게끔 되어 있다. 하지만 그렇게 하면, 주어에서부터 시작된 힘의 연속성을 거스르는 아주 심각한 결과를 초래한다. 그저 앞으로 앞으로 나아가는

toward를 있는 그대로 봐주기 바란다.

사진에서 보면 뻗어나가는 손끝에서 toward의 화살표가 나아가서 그 목표가 '속옷 걸이'가 되는 것이 확연히 보이지 않는가? 따라서 toward의 의미는 '향하는 대상은 ~'이다. 이처럼 원어민이 실제로 말을 배우면서 접하는 그 생생한 장면과 같은 사진이나 그림을 통해서 배우는 영어가 살아 있는 영어다.

비교하자면, toward는 to보다 좀 막연하다. 단지 방향을 가리킬 뿐이고, 도착의 뉘앙스는 없다. 숲 속에서 길을 잃었다고 가정해보자.

I walked toward the south.

(나 ▶ 걸었다 ▶ 향하는 대상은 ▶ 남쪽.)

이 같은 경우 to와는 달리, 막연히 남쪽이라 여겨지는 방향으로 걸어가는 것을 말한다.

(the mannequin) wearing underwear with the image of monkey

the mannequin 다음에 이어진 **wearing**은 명사에 바로 '동사+ing'가 붙은 경우이다. 이런 것을 예전 문법에서는 분사구문이라고 부르고, 수식구조가 어떠니하면서 복잡하게 배웠다. 그냥 간단히 처리하면 된다. 원어민은 이런 것을 왜 만들었냐가 중요할 뿐이다. 명사에서 어떤 설명이 더 하고자하거나, 그 명사에서부터 새롭게 말을 더 하고 싶을 때 사용하는 용도이다. 쉽게 **the mannequin**에서부터 다시 새로운 독립된 그림이 시작된 것이라고 보면 된다. 원래 형태로 보면 〈the mannequin which wears〉에서 관계사가 생략된 것이다. 관계사를 생략하면서 원래는 관계사를 이용해서 '곁그림'을 그린 것이라는 것을 알려주기 위해 동사 뒤에 **ing**를 추가하여 표시를 한 것이라고 보면 간단하게 해결된다.

'the mannequin ▶ wears ▶ underwear'의 순서로 '주어 ▶ 동작 ▶대상'이다. 그 마네킹이 입고 있고 그 대상이 속옷이다. 그리고 나서 그 대상 **underwear**에 대한 설명이 'with ▶ images ▶ of ▶ monkeys' 순서로 이어진다. '속옷'과 함께 있는 것이(**with**) '이미지들'이다. 그 이미지와 밀접한 관계를 맺고 있는 것이(**of**) '원숭이들'이다. 이렇게 **of**를 기본 의미인 '밀접한 관련이 있는 것'이라고 새기고 매끈한 한국말로 찾아서 번역하는 수고를 하지 않아도, 머릿속에서는 이미지의 대상이 '원숭이들'임을 이해할 수 있지 않은가? 이것이 바로 인간 두뇌의 기본적 인지력이자 이를 최대한 활용하는 것이 살아 있는 언어학습법이다.

앞에서 살펴본 것처럼, 명사에서는 새롭게 문장을 만들어 낼 수 있다. 그 기능을 하는 것이 관계사이다. 그리고 말을 편하게 하기 위해서, 관계사를 생략하고 이어지는 동사에 ing을 붙여서 새롭게 그림을 그렸다는 것을 표시하면 된다고 배웠다.

명사는 주어의 역할을 함으로써 그것을 기점으로 새롭게 그림을 그릴 수 있다라고 기억하자. wearing은 '동사+ing'의 모습인 데 반해 여기서 나온 printed는 '동사+ed'의 형태이다. 앞에서 주어가 힘을 받을 때는 동사의 과거분사 형태가 온다는 것을 배웠다. 그래서 명사 다음에 바로 ~ed 형태의 과거 분사 형태가 이어지면, 명사가 힘을 받는 곁그림의 형태라고 이해하자.

그래서 명사인 images of monkeys가 다시 주어의 역할이 되고, 그 다음으로 동사의 과거분사 형태인 printed가 이어지면서 명사가 힘을 받게 된다. images of monkeys가 인쇄를 하는 것이 아니라 인쇄가 되었다는 얘기다. 그리고 인쇄된 '원숭이 이미지들'이 접면하는 대상이 '속옷'(on it)이다.

이러한 곁그림이니 동사ing니 동사ed니 하는 말들을 다 제쳐두고도, 사진과 비교하면서 문장을 차근차근 단어 순서대로 맞춰 나갈 때 이해에 전혀 지장이 없는 것을 보면 '문

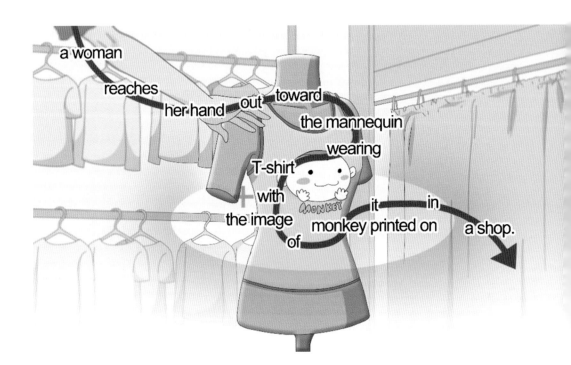

법'이 절대 의사소통 위에 존재하는 것이 아니라 단지 의사소통을 도와주며, 헷갈리지 않도록 배려하는 차원의 도우미임을 재삼 확인할 수 있다.

그런 의미에서 전체 사진 속 장면의 동선을 살펴보자. 사진의 왼편에서 '손'이 등장하고 있다. 이 손의 주인공이 주어인 **a woman**이다. 그녀가 뻗친 것은 '그녀의 손', 방향은 '바깥쪽'이다. 그리고 향하는 대상은 '마네킹'이다. 마네킹이 입고 있는 것은 '속옷'이다. 속옷과 함께 있는 것은 '이미지들'인데 '원숭이들'이다. 그 이미지가 '프린트' 되어 있는데 접한 면은 '속옷'이다. 이 일들이 일어난 곳은 '상점'이다.

전치사의 원어민식 이해

toward : 향하는 대상은 ~

toward는 to에 비해 단지 막연한 방향을 가리킬 뿐이고, '도착'의 의미까지는 없다.
The sunflower turns toward the sun.
(해바라기 ▶ 방향을 바꾸다 ▶ 향하는 대상은 ▶ 태양.)

명사 + 동사ed/동사ing

명사에서부터 다시 독립된 그림이 시작된 것이다. 관계사가 생략되면서 바로 본 내용인 동사가 이어진 경우다.
- 명사 + 동사ing: 명사가 힘을 가한다.
- 명사 + 동사ed: 명사가 힘을 받는다.

14

문법의 절반, 동사와 관련된 문법
한 번에 해결하기 (2) to부정사

주어에서 시작된 동작의 힘이 전체 문장을 좌지우지 한다는 단순한 원리만
이해하면 문법의 절반이 해결된다.

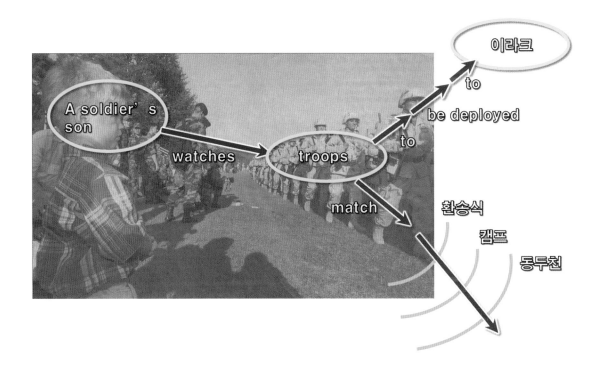

A soldier's son watches troops to be deployed to Iraq as they march in a farewell ceremony at the camp in Dongducheon.

한 군인의 아들 ▶ 보다 ▶ 병사들 ▶ to ▶ 배치되다 ▶ to ▶ 이라크 ▶ as ▶ 그들 ▶ 행진한다 ▶ in ▶ 환송 기념식 ▶ at ▶ 캠프 ▶ in ▶ 동두천.

사진 왼쪽에 눈물을 머금은 듯한 '한 아들'을 보자. 이 아이가 하는 동작이 무엇인가? 보고 있다.

A soldier's son watches troops to be deployed to Iraq

이 **watch**의 대상이 바로 병사들(**troops**)이다. 이어서 'to+동사'의 새로운 모습으로 '곁그림'이 등장하고 있다. 명사 **troops**에서 곁그림을 그리는 본래 모습은, **troops**가 사람들이니 관계사 **who**를 사용하고, 사진에서 대충 내용 짐작이 되겠지만, 이 군인들은 앞으로 '파견될 예정'이니 **will**을 사용해서 〈who will be deployed〉였을 것이다.

〈troops who will be deployed〉에서 간략히 〈troops to be deployed〉가 되는 과정을 한번 살펴보자. 먼저, 관계사 **who**를 생략한다. 다음 단계로 **will be deployed**의 경우, 현재 진행중인 동작도 아니고, 이미 완료된 동작도 아니다. 단지 '앞으로 일어날 가능성이 있는 동작'이다. 그래서 앞에서 배운 동사**ing**나 동사**ed**를 사용할 수 없다. 그렇다면 **will**과 같은 조동사를 사용하지 않고 간단히 곁그림을 늘리는 방법이 없을까? 바라보는 시점에서 아직 일어나지 않은 동작을 알려줄 방도가 없을까?

정답은, 'to'이다.

그럼 왜 그 많은 말들 중에서 하필 **to**일까?

여기서 잠깐 **to**의 기본 개념에 대해 다시 한번 상기해보자. '나아가 만나는 대상은 ~ '이다.

이미지화 시켜서 보면 나아가서 목적지에 도착하는 화살표 ➡ 가 딱이다. **to** 다음에 동사나 나오면 동사 앞에 **to**의 기본 개념인 ➡ 의 개념이 더해진 것으로 생각하면 된다. 그렇게 되면 주어 입장에서는 **to**라는 화살표를 지나서 동사에 이르게 된다. 결국 **to** 다음에 동사가 쓰일 경우는 다음에 오는 동작이 일어나기까지 시간 간격을 가지고 있음을 나타내게 되어, 앞으로 일어날 동작을 의미하게 된다. 그래서 '앞으로 일어날 가능성이 있는 동작'이나 '앞으로 일어날 동작'의 경우 'to+동사' 형태를 사용하면 되는 것이다.

'to+동사' 자체만으로 기준이 되는 시점에서 앞으로 벌어질 동작이라는 것을 나타낼 수 있다.

이제부터 명사 다음에 생략된 말들이 무엇이든지 간에 'to+동사'를 만나게 되면, 그냥 간단하게 '앞으로 일어날 일' '앞으로 일어날 가능성이 있는 일'이라고 새기고 앞으로 전진해 나가면 만사 OK다.

영자 신문에서 헤드라인 기사에서 미래를 나타내는 will 대신에 'to+동사'를 사용하기도 한다는 사실을 아는가? 바로 to의 기본 개념을 가져 다 사용하는 것이다.

아래에 한 신문기사 헤드라인과 본문 기사 내용을 가지고 왔다.

Moon, Trump to hold telephone talks over N. Korea

South Korean President Moon Jae-in and his US counterpart Donald Trump will hold telephone discussions over ways to deal with North Korea's provocations

---

본문 기사에서 보여 지는 것처럼, 주인공인 문재인 대통령과 미국 트럼프 대통령이 앞으로 전화 협의를 할 예정이란 내용이다. 그런데 헤드라인에서는 본문 기사의 will이란 조동사 대신에 to hold란 〈to+동사〉 형태를 이용했다.

이제는 복잡한 문법이 어쩌구 저쩌구 다 잊어버리고, 원어민들 처럼 그냥 간단하게 동사의 다양한 형태를 이용해 말을 할 수 있으면 될 뿐이다.

무조건 명사 다음에 이어서 '동사+ing, 동사+ed, to+동사'의 3가지 형태 중 하나가 나오면, "아, 이러한 동사의 형태는 본동사가 아니구나, 옆으로 새는 곁그림을 하나 그리는 거구나~!"라고 알면 백발백중이다. 흔히 여기서 문법에 찌든 예전의 습관을 못 버리고 생략된 관계사가 무엇이었는지 또는 주어, 조동사가 무엇인지 찾아내려고 애쓰는데, 원어민들도 그런 고민 안하고 편하게 쓰려고 없앤 것들을 더군다나 외국인인 우리가 왜 도로 찾아내지 못해 안달하는지 알다가도 모를 일이다. 그냥 쉽고 편하라고 만들어놓은 대로 이해하고, 사용하면 된다. 다 생략해도 알 만하니 생략한 것들을, 생략한 결과치만 가지고 우리라고 이해를 못할 리 만무다. 이러저러한 묘안을 찾을 게 아니라, 자신을 가지고 그저 곁그림 그리는 방식으로 자연스럽게 차근차근 이해해 나가고 말을 만들어 가면 된다.

troops to be deployed to Iraq에서

동사 deploy의 의미가 '배치하다'이니 be deployed는 troops가 힘을 받아 '배치되다'이고, 앞의 to와 어우러져서 '앞으로 일어날 일이 배치되다'가 된다. 배치되는 것은 어디론가 이동하는 것이니, 이동하여 목적지에 다다르게 되는데(to) 그 목적지가 바로 '이라크'이다.

as they march in a farewell ceremony at the camp in Dongducheon.

접속사 as가 왔으니, 같은 때에 벌어진 일은 "그들이 행진한다"는 것. 총을 어깨에 메고 줄을 맞추어 행진하는 모습을 사진에서 보라. 이들이 안에 있고 주위를 둘러싼 것은 (in) '한 환송기념식'이다. 그리고 장소가 순서대로 죽 이어진다. 위치는 the camp이고, 이 캠프가 있는 곳(in)은 '동두천'이다. 조감도가 머릿속에 좍 그려지시는가?

조금 더 훈련해 보도록 하자.

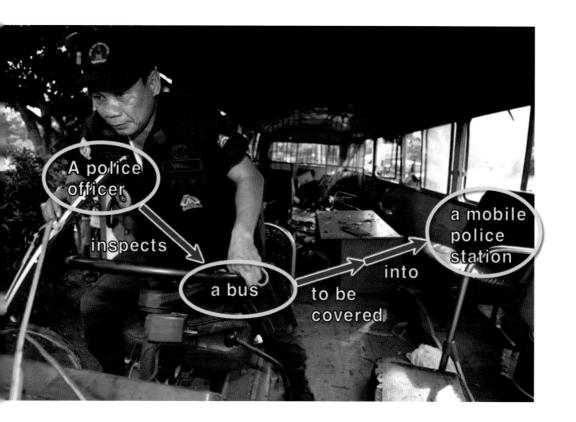

A police officer inspects a bus to be converted into a mobile police station in Bangkok.

한 경찰관 ▶ 검사하다 ▶ 한대의 버스 ▶ to ▶ 이다 ▶ 변환되어지다 ▶ into ▶ 한 이동 경찰서 ▶ 둘러싼 곳은 ▶ 방콕

주어는 한 경찰관이다. 그 경찰관이 하는 동작은 inspects(검사하다)이다. 그 대상은 a bus(한대의 버스)이다. 그리고 나서 이어지는 말이 'to be converted'이다.

앞에 나온 본문도 원래는

A police officer inspects <u>a bus which will be converted</u> into a mobile police station in Bangkok에서 which가 생략되고 will이 to로 바뀌어서 최종적으로 a bus to be converted의 최종 모습을 갖게 되어 본문과 같은 문장이 탄생한 것이다.

A police officer inspects a bus to be converted into a mobile police station in Bangkok

A police officer inspects a bus 다음에 이어지는 to be converted는 '**앞으로 나아가 ▶ 변환되어지다**'라고 이해하면 된다. 그리고 난 다음에 전치사 into가 이어진다.

예전 같으면 'into a mobile police station'을 거꾸로 뒤집어서 '한 이동 경찰서로'라고 했을 것이다. 하지만 이제 동사의 힘의 연속성에 대해 배워온 것을 감안하면 사고가 좀 달라졌을 것이라 믿는다.

'be converted'의 원래 형태인 'convert (변화하다)'의 힘의 본질을 생각해 보자. 상식적으로 변환을 시키는 동작이 나오면 그 힘을 받는 대상은 나아가 변환이 되어지면서 당연히 어떤 새로운 모습이 되어야 하지 않겠는가?

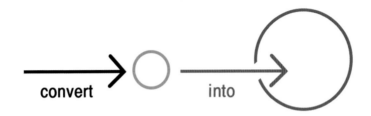

Into란 전치사의 의미는 '~ 안으로/~ 로'가 아니라 '안으로 들어가고, 둘러싼 대상은 ~' 이란 이미지이다. 이 전치사는 어떤 사물이 변환이 되어 새로운 형태로 바뀔 때 새로운 형태 속으로 들어간다는 의미로 확장이 되기도 한다. 이번 경우가 그 경우이다. 변환되는 힘을 받은 대상이 '나아가 안으로 들어가 새로운 형태로 바뀌는 것'을 의미한다. 버스가 변화되는 힘을 받아서 나아가 안으로 들어가 '이동 경찰서'가 되는 것이다.

a bus to be converted into a mobile police station

그리고 이어지는 내용은 in 안에 있고 둘러싼 장소가 Bangkok임을 나타낸다.

다시 본문 사진을 보자.

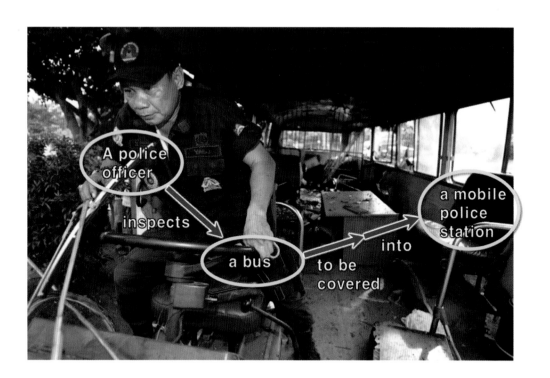

A police officer inspects a bus to be converted into a mobile police station in Bangkok.

경찰관이 조사하는 동작에서부터 시작해서 그 대상인 버스가 앞으로 나아가서 변환되어 나중에 한 이동 경찰서가 되는 머리에 좍 그려지는가? 이것이 바로 주인공에서부터 나아가며 가까운 순서대로 단어만 나열하면 말이 되는 영어의 핵심이다.

전치사의 원어민식 이해

To + 동사

명사 다음에 'to + 동사'를 만나면, 그 명사를 주어로 해서 '앞으로 하게 되는 일' '앞으로 일어날 가능성이 있는 일'이라고 곁 그림을 그리면서 이해하고 넘어가면 된다.

곁그림을 그리는 방법

명사 ➞ 동사 + ing : 명사를 주어로 해서 그 명사가 동작을 하는 경우

동사 + ed : 명사를 주어로 해서 그 명사가 동작의 힘을 받는, 수동의 경우

To + 동사 : 명사를 주어로 해서 그 명사가 앞으로 동작을 하게 되는 경우

Memo

15

문법의 절반, 동사와 관련된 문법
한 번에 해결하기 (3) 지각동사

주어에서 시작된 동작의 힘이 전체 문장을 좌지우지 한다는 단순한 원리만

이해하면 문법의 절반이 해결된다.

A boxer watches the referee count him out in the fourth round after he was knocked down by the opposing boxer.

한 복서 ▶ 보다 ▶ 심판 ▶ 세리다 ▶ 그를 ▶ out ▶ in ▶ 4회 ▶ after ▶ 그 ▶ 두들겨 맞아 쓰러지다 ▶ by ▶ 상대편 복서

한 복서가 주인공이다. 그가 바닥에 주저 앉아 있다. 동작은 watch(보다)이다. 보고 있는 대상은 주심(referee)이다. 주어 ▶ 동작 ▶ 대상 이렇게 그림이 끝났다.

그리고 나서 이어진 말이 count(세리다)이다.

지금까지 우리가 학교에서 배운 내용 잠시 언급해 보자.

지금도 기억이 생생할 것이다. 〈지각동사, 감각 동사, 사역동사 뒤의 동사는 동사 원형〉이라고 열심히 외웠을 것이다. 기존 학교 교육에서 무조건 암기해야 할 상위 랭킹에 들어가는 내용이다.

하지만 이런 무슨 법조문 같은 내용일랑 다 잊어버리고, 영어가 있는 모습 그대로 편하게 이해되면 될 뿐이다. 주어에서부터 나온 동사의 종류만 잘 생각해 보면 그 다음은 술술 풀리게 된다. 이 문장에서 사용된 동작은 바로 watch(보다)이다. 보고 있는 대상은 주심(referee)이다. 주어 ▶ 동작 ▶ 대상 이렇게 그림이 끝났다.

그런데 동작이 '보다'란 동작이고 그 대상이 이어져 오면, 그 다음에는 당연히 그 대상이 하는 동작이 올 것 같지 않은가? 그 대상이 하는 동작이 'count(세리다)'이다. 우리는 여기에서 주인공에서부터 시작한 동작의 자연스러운 연결을 살펴 보자는 것이다.

주인공 ▶ 보다 ▶ 대상 ▶ 그 대상이 하는 동작

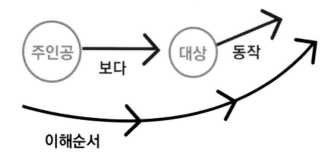

우리는 앞에서 명사에서 설명이 좀 필요한 경우, 곁 그림을 그려 준다고 배웠다. 그렇게 하기 위해서 명사가 새롭게 주어가 되어 그림을 그려나가는데, 곁 그림이라는 것을 알려주기 위해 동사에 ing를 붙여서 동사ing 형태로 말을 더 해 나가면 된다는 것도 배웠다. 그런데 앞에 나온 주인공의 동작이 보는 경우에는 그 보이는 대상 다음에 동작이 굳이 ing 형태로 나오지 않아도 주인공의 눈앞에 보이는 대상이 하는 동작이라는 것은 지극히 상식선상에서 알 수 있다.

이와 같은 종류의 동사들은 인간의 오감에 해당하는 것들이다. '보고, 듣고, 느끼고, 냄새 맡고, 맛보다'에 해당하는 **see, behold, hear, feel, know, watch, observe, notice, look at, listen to** 등의 동사들이다. 이러한 동사들을 '지각동사'라고 한다. 이 동사들 뒤에 오는 대상의 경우, 그 대상이 하는 동작임이 너무나 분명하기에 그냥 편하게 동사ing 형태를 굳이 사용하지 않고, 동사의 원래 형태 그대로 사용해도 된다고 기억하면 된다.

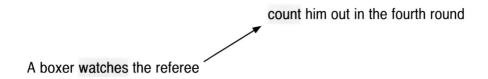

count(세리다)의 힘을 받는 말은 him(그)이다. 그리고 그 결과 밖(out)으로 나가게 되었다. 카운트를 8까지 해서 쓰러진 복서를 경기 밖으로 보내 버렸으니, KO패를 선언한 것이다.

그때가 4회(the fourth round)이다.

after he was knocked down by the opposing boxer.

이 일보다 먼저 일어난 일 즉, 앞서 벌어진 일(after)이 그려 진다.

주어는 he이다. 그리고 이어지는 동작은 **was knocked**이다. 이제 be+동사ed를 보는 순간 '주어가 힘을 받았다'는 것을 바로 알아 차리리라 본다.

knock(치다)의 힘을 받아서 '두들겨 맞다'가 된다. 그 결과 그가 아래(down)로 쓰러졌다.

knock down을 그냥 통째로 숙어로 '때려 눕히다'라고 암기하지 마라.

순서를 이해하면 자동으로 이해가 된다.

주어 ▶ knock ▶ 대상 ▶ down

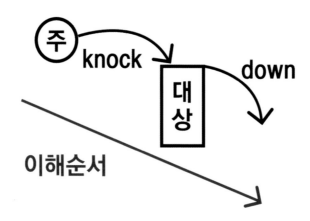

이 얼마나 자연스러운 동사의 힘의 연속성인가? 주어가 만들어 내는 knock '때려 눕히다'란 힘이 상대방에게 미쳤을 때, 그 상대방은 당연히 down '아래로 쓰러지게' 된다. 그 때려 눕힌 힘이 나온 곳이(by) the opposing boxer(상대편 복서)이다.

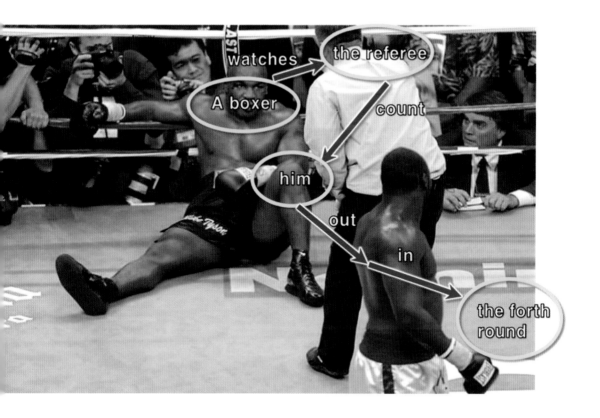

전체 흐름을 살펴 보자.

먼저 링에 주저 앉아 있는 한 권투선수로부터 시작해서 그의 눈이 바라보고 있는 주심
으로 이동한다. 그 주심이 지금 카운트를 세고 있고 그 결과 그가 KO 패를 당한다. 둘러싼
그 때가 바로 4회이고, 그리고 사진에는 나타나지 않지만 충분히 상상 할 수 있는 그 전에
일어난 일은, 그 권투선수가 두들겨 맞아서 쓰러졌고, 그를 때린 사람은 상대편 권투선수
였다.

16

동사,
동사라는 엔진의 출력 조절 기능

조동사의 거꾸로 해석 방법은 잊어 버리고 앞에서부터 힘을 조절하는 관점에서 의미를 새롭게 잡아 보자.

유명한 <u>You raise me up</u>이란 팝송의 가사 중 누구에게나 귀에 익숙할 법한 후렴구를
가져와 봤다.

You raise me up, so I can stand on mountains.

기존 해석대로 해 보면

"당신이 나를 위로 일으키다 그래서 나는 산들 위에 설 수 있게 되었다."이다.

그런데 이것은 하나의 해석일 뿐이고, 영어를 만들어 내는 능력은 별개의 능력이다.
이제 영어를 말할 수 있는 능력을 가지기 위해 원어민이 사고하는 대로 접근을 해 보자.
위의 문장을 예전에 하던 거꾸로 번역식 해석이 아니라, 그림으로 그려보자. 영어로 어떻
게 말이 만들어지는지를, 한 단어 한 단어 그림의 확장을 통해 확인해 보도록 하자. 그렇
게 하다 보면 **주인공인 You로부터 시작해서 주인공과 가까운 것 순서대로, 움직이는 순
서대로 단어가 나열됨**을 알 수 있다.

You

You ▶ raise

You ▶ raise ▶ me

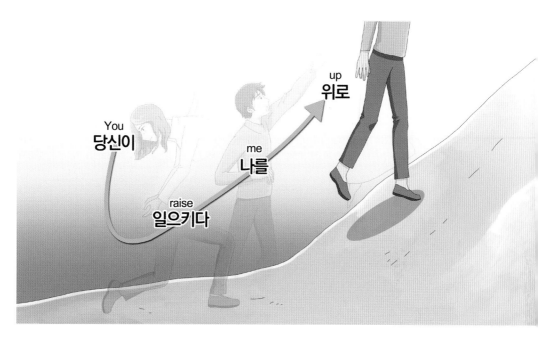

You ▶ raise ▶ me ▶ up

You raise me up은 예전의 방식대로 저 문장 뒤에서부터 거슬러 올라와 거꾸로 해석하는 방식으로는 "당신이 나를 위로 일으켜 세운다"가 될 것이다.

하지만 그림에서 보면 주인공인 You(당신)다음에 가장 가까운 단어인 일으키는 동작 (raise)이 나오고, 그리고 나서 그 동작의 대상인 me(나)가 이어져 나오는 순서이다. 그리고 그 결과 일으키는 동작의 대상인 내가 위로(up) 움직이게 된다.

당신이 ▶ 일으키다 ▶ 나를 ▶ 위로

이제 그 다음에 이어지는 문장이 **so I can stand on mountains**이다.

이 문장이 이번 장에서 다루고 싶은 핵심 부분이다.

여기서 **can**을 주목해서 잘 봐주기 바란다.

영어에는 동사와 더불어 놀라운 기능을 하는 말이 있다. 바로 '**조동사**'라는 것이다.

동사에서 연속적으로 나아가는 힘이 이어지는 다음 부분들을 결정한다면, 그 동사 앞에 위치해서 동사의 파워를 조절해 주는 기능을 하는 것이 바로 '조동사'이다. 한 마디로 조동사는 '**동사라는 엔진의 출력 조절 장치**'라고 할 수 있다.

그런데 기존 우리가 배운 일본식 문법에 근거한 거꾸로 뒤집는 영어에서는 이 조동사는 그 힘을 완전히 잃어버리고 말았다. 그냥 저 뒤에서부터 거꾸로 거슬러 올라와서 문장을 마무리하는 엉뚱한 역할을 하고 만다.

So
그래서

So

I ▶ can ▶ stand ▶ on ▶ mountains

와 같은 순서대로 배열되어 있는 문장을,

mountains(산들) ▶ on(에) ▶ stand(설) ▶ can(수 있다)과 같은 역순으로 해석을 하게 만들어, "**나는 산들에 설 수 있다**"가 되게 한다.

이제 원어민 방식으로 영어 문장이 만들어지는 과정을 살펴보면서, 조동사 **can**의 의미를 정확히 파악해 보도록 하자.

So ▶ I ▶ can

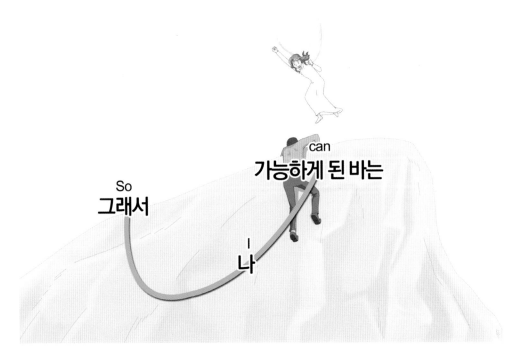

So ▶ I ▶ can

can를 '~ 할 수 있다'라고 뒤에 이어지는 단어 stand를 ~ 부분에 거꾸로 집어넣어 해석해서 '설 수 있다'라고 하면 해석은 될지언정 영어로 순서대로 바로바로 말을 만들 수는 없다. 그러나 '**가능하게 된 바는 ~**'이라고 can에 대한 생각을 바꾸면 '내가 ▶ **가능하게 된 바는 ▶ 서다**'라고 동작 순서대로 말을 바로바로 만들 수 있게 된다.

가만히 생각 좀 해 보자. 주인공인 나하고 가장 가까운 말은, '서다'라는 동작보다 내 안에 가지고 있는 '할 수 있다'는 능력일 것이다. 그래서 영어식 사고방식에 근거해서 보면, 주어에 가장 가까운 말은 stand 보다 can이 되는 것이다.

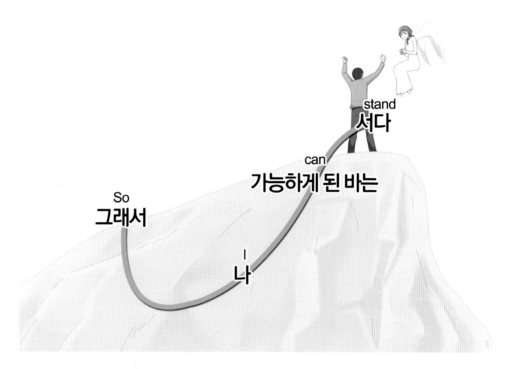

So ▶ I ▶ can ▶ stand

나 ▶ 가능하게 된 바는 ▶ 서다

조동사 can은 이처럼 동사에 앞서 주인공이 가능한 바가 무엇인지 알려 주는 기능을 한다. 그냥 I stand 하면 '나는 ▶ 서다'이지만 '서다'란 동작 앞에 can을 써 주면 그 동작을 지금 100% 한다는 것이 아니라, '할 수 있는 바, 가능한 바가 ~' 그 동작임을 말하게 된다. 동작에 앞서 그 동작의 힘의 강약을 조절해 준다.

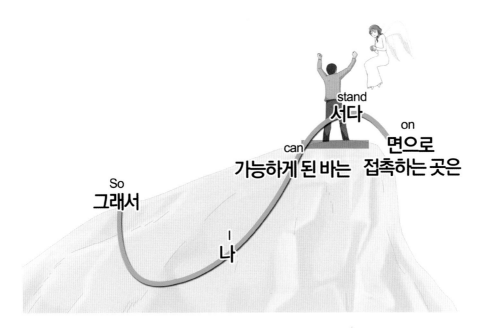

So ▶ I ▶ can ▶ stand ▶ on

on도 '~ 위에'가 아니라, **주인공과 가까운 것 순서대로**라는 단순한 영어의 사고방식을 적용하면, 주인공인 내가 서는 동작이 먼저고, 그리고 나면 당연히 발바닥면이 접촉하게 되고, 그리고 난 뒤 그 접촉하는 대상이 자연스럽게 이어진다. 그래서 on은 '**면으로 접촉하는 곳은 ~**'이라고 원어민식 의미로 바꾸어 보자.

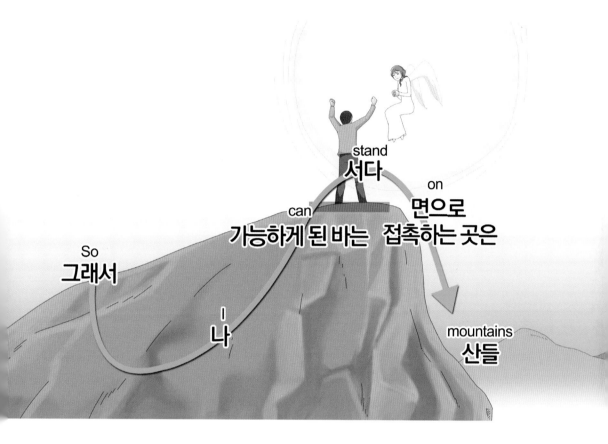

So ▶ I ▶ can ▶ stand ▶ on ▶ mountains

can을 계기로 '조동사' 들을 한번 살펴 보자.

can처럼 조동사는 주어 안에 내재된 힘이다. 즉 마음에 있는 주어의 **부담, 의지, 가능성** 등을 나타내는 말이다.

조동사란 문법적 용어 보다, 마음을 나타내는 말이라고 하고 싶다. 이렇게 주인공의 마음과 관련된 말이다 보니, 순서상 손발을 움직여 만들어 내는 동작보다 주어에 더 가까이 있음은 당연하다. 그래서 영어로 말을 할 때는 늘

주어 ▶ 조동사 ▶ 동사

순서로 말이 만들어지는 것이다. 이러한 마음에 해당하는 말이 말 끝에 와서 말을 끝까지 들어봐야 제대로 진의를 파악할 수 있는 우리말과는 대조적이다.

조동사는 마치 자동차가 움직이기 전에 넣어주는 기어와 같다. 자동차 운전을 할 때 출발하기 전에 기어를 먼저 넣듯이 본 동작을 시작하기 전에 먼저 필요한 작업이 있다면 다름아닌 바로 조동사를 사용하는 작업이다. 움직이기 전에 기어를 넣는 것과 그 역할과 순서가 똑같다. 기어가 여럿이듯이 조동사도 작동될 힘이 강약에 따라 여러 가지가 있다. 그 다양한 조동사를 통해 동사에서 나갈 힘의 강약을 미리 결정하는 것이다. 참 논리적이고 상식적인 순서로 영어는 만들어지는 것 같다. 그래서 조동사에 따라 문장이 '아' 다르고 '어' 다르게 되어 말하는 사람의 부담, 의지, 의도, 가능성, 능력 등을 나타낸다.

이렇게 조동사는 '주어 ▶ 조동사 ▶ 동사'의 순서임에도 불구하고 기존 영어 학습에서는 언제나 문장 내에서 가장 끝에 해석하도록 배워왔기 때문에, 우리 머릿속에서 조동사는 문장이 끝날 때까지 기억해 두었다가 문장이 끝난 후 거꾸로 거슬러 올라와 동사 다음에 해석해야만 하는 가장 부담스러운 요소였다. 한마디로 조동사는 기존의 잘못된 '거꾸로 해석법'의 일등 공신이었던 셈이다.

조동사 가운데 must, ought to, should에는 외부의 힘이 더해진다. 그래서 다른 조동사와 달리 강한 힘이 느껴진다. 그래서 '필요, 의무, 명령, 책임'이 동작에 부가된다. 그러나 shall, will, would의 의지를 거쳐 can, could, may, might에 이르면 능력과 가능성을 의미하게 된다.

must → (ought to) → should → shall → will → would →
can → could → may → might

이 배열 순서대로, 조동사는 원어민들이 마음을 가장 강한 것에서부터 가장 약한 순서대로 나타낸다. 이 순서대로 동사 앞에서, 그 동작의 힘이 어떤 강도로 앞으로 나아갈 지를 조절해 준다.

예를 들어,

I must go into the army.

라고 하면, 주어인 내가 군대에 입대하는 그 동작을 하기 앞서 주어가 가진 부담, 의무를 먼저 말해 준다. 그래서 go into the army (가다 ▶ 안으로 들어가는 곳은 ▶ 군대)라는 동작에 앞서 주어 마음에 내재된 부담과 의무를 알려준다.

그래서 해석은 '**나 ▶ 틀림없이 해야만 하는 바는 ▶ 가다 ▶ 안으로 들어가는 곳은 ▶ 군대**'가 된다.

이제 이 조동사들을 예전의 거꾸로 해석 방법은 잊어 버리고 앞에서부터 힘을 조절하는 관점에서 의미를 바로 잡아 보자.

원어민 사고 방식으로 바로 잡은 의미들이 다소 어색해 보일 지 몰라도, 앞에서부터 순서대로 나아가면서 뒤에 이어져 오는 동작의 힘을 조절하는 관점에서 받아들이고 활용하기 바란다.

must	틀림없이 해야 하는 바는~
ought to	음 ~ 틀림없이 해야 하는 바는~
should	해야 하는 바는 ~
shall	틀림없이 앞으로 할 바는 ~
will	앞으로 할 바는 ~
would	음~~ 앞으로 할 바는 ~
can	가능한 바는 ~
could	음 ~~ 가능한 바는 ~~
may	아마도 가능한 바는 ~
might	음 ~~ 아마도 가능한 바는 ~~

앞에 바로 잡은 조동사의 한국말 의미들도 참 유용하게 사용되지만, 더 좋은 것은 이미지화다.

한국말을 거치지않고 바로 영어 자체 이미지로 머리에 들어오면 제일 좋다. 그래서 조동사의 이미지를 동사와 연계해서 그려 보았다.

must, ought to, should - 부담

shall, will, would - 의지

can, could, may, might - 능력, 가능성

앞에 나온 10개의 조동사들을 크게 3가지로 분류를 할 수 있다. 바로 '부담, 의지, 능력'이다. 의미들을 자세히 살펴 보면, 다음과 같다.

부담은 동작을 외부에서 오는 부담감, 의무, 책임 등이 누르는 힘으로,

의지는 주인공에서부터 앞으로 밀어 내는 의지를 반영하는 힘으로,

가능성은 주인공의 저 마음 아래에서 위로 쳐 올리는 저력의 느낌으로 그려 보았다.

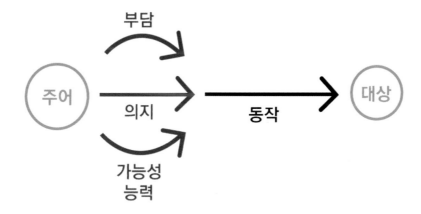

이렇게 이미지화 해 두면, 실전에서 조동사를 만났을 때 바로 바로 순서대로 이해가 바로 가능하게 된다.

이제 조동사를 좀 더 발전시켜 보자.

must에 대한 다른 측면을 살펴 보자.

Sunflowers must be dried on a field.

해바라기 ▶ must ▶ 이다 ▶ 마른 상태 ▶ on ▶ 들판

앞에 나온 문장을 보자.

Sunflowers must be dried on a field.

이 문장에서 일단 must를 빼고 이해를 한번 해보자. 주인공이 '해바라기들'이다. 그 해바라기들이 be 존재하는데 '마른 상태'이다.

해바라기들 ▶ 이다 ▶ 마른 상태

이렇게 이해가 된다.

그런데 여기서 must의 역할은 뭘까? 앞에서 바로 잡은 대로 '틀림없이 해야 하는 바는 ~'이라고 하면 뭔가 좀 어색하다. 언어는 살아있는 것이다. 조금만 생각을 해 보면 응용과 확장이 가능하다. 여기서 주어인 sunflowers 해바라기들은 의지가 없다. 그러니 '틀림 없이 해야 한다'는 부담을 가질 리가 없다. 여기서는 응용해서 주어 다음에 벌어지는 일의 '확실성의 정도'를 나타내 주는 역할을 한다. 그래서 '틀림 없이 인 바는 ~ '이라고 하면 딱 이다.

만약 문장이 Sunflowers are dried 라고 했다면, '해바라기들이 ▶ 이다 ▶ 마른 상태' 라는 사실이 100%임을 나타낸다. 하지만 must를 주어 다음에 사용하면, 앞으로 주어와 관련된 일의 확실성이 100%는 아니고 거의 95% 정도는 된다는 것이다.

이 must를 기존에 배우는 방식으로는 저 뒤에서부터 뒤집어서 '~~ 임에 틀림없다'가 된다. 하지만 이렇게 배우면 문장에서 must를 만나면 일단 그냥 지나가서 저 문장 뒤에서 다시 거꾸로 거슬러 올라와서 '해바라기들이 마른 상태임이 틀림없다'라고 해석을 할 수 밖에 없게 된다.

이제는 이 must가 앞으로 이어질 내용에 대해 '강한 확신'을 부여한다고 이해하자. 그래서 의미를 '틀림 없이 인 바는 ~~'이라고 바꾸어서 앞으로 나아가면서 바로 바로 이해하면 된다. 이렇게 해야 늘 문장을 읽는 순서대로 바로 바로 이해를 해 나가고, 듣자마자 바로 바로 이해를 해 나갈 수 있게 된다.

이제 문장을 앞에서부터 순서대로 한 단어 한 단어 그림을 그려가면서 이해해 보자.

영어는 주인공의 입장이 되어 나아가면서 가까운 순서대로, 움직이는 순서대로 단어를 나열하면 말이 되는 언어임을 잊지 말자.

해바라기들이 ▶

해바라기들이 ▶ 틀림없이 인 바는 ▶

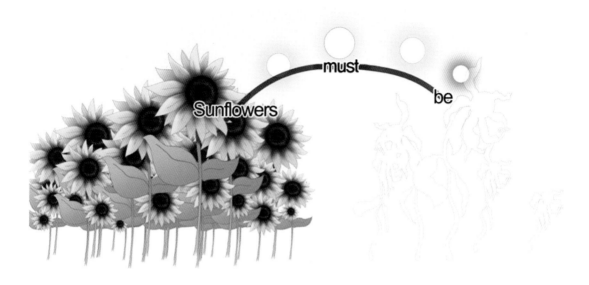

해바라기들이 ▶ 틀림없이 인 바는 ▶ 이다

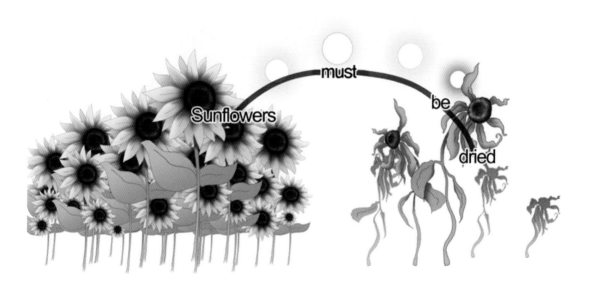

해바라기들이 ▶ 틀림없이 인 바는 ▶ 이다 ▶ 마른 상태

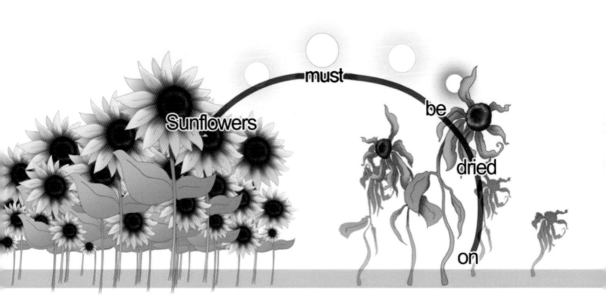

그리고 계속 이어진다.

해바라기들이 ▶ 틀림없이 인 바는 ▶ 이다 ▶ 마른 상태 ▶
면으로 접하고 있는(on) 장소는 ▶

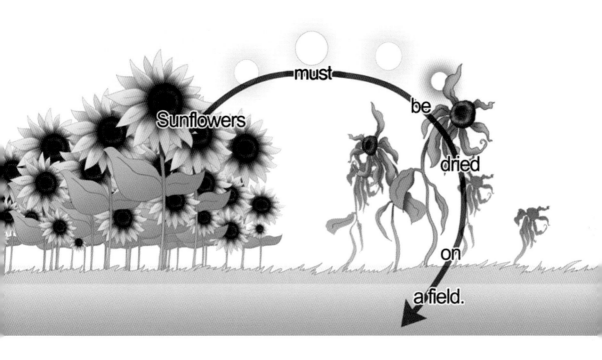

해바라기들이 ▶ 틀림없이 인 바는 ▶ 이다 ▶ 마른 상태 ▶
면으로 접하고 있는(on) 장소는 ▶ 들판

주인공인 해바라기에서 시작해서 좍 ~ 나아가는 화살을 따라 단어만 나열하면 이렇게
영어로 말이 되고, 이해가 되는 것이 참 신기할 따름이다.

17

문법의 절반, 동사와 관련된 문법
한 번에 해결하기 (4) 사역동사, help

주어에서 시작된 동작의 힘이 전체 문장을 좌지우지 한다는 단순한 원리만
이해하면 문법의 절반이 해결된다.

He helps his student to play the guitar.

그 ▶ 돕다 ▶ 그의 학생 ▶ to ▶ 연주하다 ▶ 기타

영어는 문법이 어떻고 저떻고 할 필요 없이, 그냥 주인공에서부터 시작해서 앞으로 확
장해 나아가며 가까운 순서대로, 움직이는 순서대로 단어를 나열하면 그만이고, 무엇보다

주어에서 시작된 동작의 힘이 전체 문장을 좌지우지 한다는 단순한 원리만 이해하면 쉬워진다.

위 문장도 보면, 문장 중간에 'to+동사'가 들어가 있다. 예전 기준으로 보면 뭔가 복잡해 보이는 문장이다. 하지만 그냥 주인공인 He(그)로부터 시작해서 그냥 앞으로 나아가 보자. 그가 하고 있는 동작은 help(돕다)이다. 자 여기서 생각을 좀 해 보자.

'돕다'라는 동작 다음에 이어질 내용은 뭘까? 당연히 돕는 대상이 나오고, 그 다음에 그 도움을 받은 대상이 '나아가서'하게 되는 어떤 동작이 나오지 않을까?

이제 다시 본문 사진에서 자연스러운 help에서 시작해 앞으로 나아가는 동사의 힘의 연속성을 따라 가보자.

정말 주인공에서부터 나온 '도와주는 힘'을 따라 죽 앞으로 나가면 그냥 자동으로 이해가 되지 않는가?

help ▶ his student ▶ to ▶ play the guitar

돕는 동작의 대상이 그의 학생이다..

그리고 난 뒤에 그의 학생이 나아가서 동작을 하게 된다. 그 동작은 '연주하다'이며, 그 동사의 대상이 되는 것이 the guitar이다.

이렇게 도움을 주면 그 도움을 받은 대상은 받은 도움에 힘 입어 '나아가서' 어떤 동작을 하게 된다. 도움 받은 대상이 동사의 힘의 연속성에 의해 '나아가는' 과정을 to로 나타낸 것이다.

다음과 같이 이미지화 해 보았다. 아마 동작의 힘의 연속성을 느끼기가 더 쉬울 것이다.

언어는 이처럼 지극히 평범한 인간이라면 누구나 다 생각할 법한 상식에서 출발했다고 생각한다. 그래야만 남녀노소, 학력 상관 없이 누구나 다 구사 할 수 있기 때문이다.

조금 더 훈련을 더 해 보도록 하자.

He makes the second baseman to jump in the eighth inning.

그 ▶ 만들다 ▶ 2루수 ▶ to ▶ 점프하다 ▶ in ▶ 8회

참 영어가 신기한 것이 이렇게 사진과 함께 문장 앞에서부터 의미를 아는 단어들만 단어가 등장하는 순서대로 배열 해 봐도 이해가 대충 된다는 것이다. 중간에 to나 in 같은 전치사들을 제대로 해석을 못 한다 하더라도, 어떤 내용인지는 파악이 된다.

그런데 지금까지 우리가 배운 영어는 영어 문장을 만나면 무조건 저 뒤로 돌아가서 거꾸로 거슬러 올라 오면서 해석하는 것만 신경 쓰고 살았다.

우리가 지금까지 해 왔던 거꾸로 해석법에 의해 해석한 문장과 원래 영어 문장을 비교해 보자.

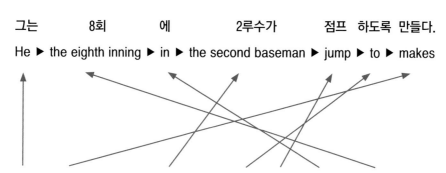

어떤가?

왔다 갔다 하는 해석이 정말 황당하지 않은가?

그냥 앞에서부터 죽 이해를 하면 너무 쉬울텐데...

이제 영어를 새롭게 보자는 것이 아니라 너무나 당연한 상식적 접근으로 바로 보자는 것이다. 세상 어느 나라 사람도 자기 나라 말을 저 뒤에서부터 거꾸로 뒤집어 해석하는 사람은 없다.

이 책의 주제는 동사에 초점이 맞추어져 있지만, 가장 먼저 주목할 바는 이렇게 문장 가장 앞에서부터 단어가 나열된 순서대로 바로 바로 이해하는 법이다.

그리고 더 나아가, 이렇게 순서대로 이해할 수 있는 방법을 넘어서서, 그들은 왜 이런 식으로 말을 하는지도 이해하자는 것이다. 한국어의 관점에서 영어를 바라보고 늘 한국어로 영어를 바꾸는 작업에 골몰하지 말고, 영어를 그 언어를 사용하는 원어민 관점에서 이해하여, 그 사람들이 하는 그대로 바로 바로 말을 만들 수 있는 능력을 만들자는 것이다.

그들이 말을 만드는 원칙은 간단하다. 이 시점에서 다시 한번 강조하고 가자.

"주인공에서부터 나아가며, 가까운 순서대로, 움직이는 순서대로 단어를 나열하면 된다" 이다. 그리고 이 단 하나의 원칙의 내재된 힘은, 동사에서부터 나온다. 주인공이 가장 먼저 존재하고, 그 주인공에서부터 나아갈 때 일반적으로 가장 가까운 단어는 동작이다. 그리고 그 동작에서부터 나오는 힘이 그 다음을 결정한다.

다시 본문의 사진과 문장을 보자.

여기서 사용된 **make**란 동사가 핵심이다.

사진을 보면 주인공이 **He**가 하는 동작은 '만들다' 이다, 그리고 그 동작의 대상이 '2루수'가 되었다. 여러분 신이 아닌 이상 '2루수'란 사람을 만들어 내지는 못한다.

그래서 상식적으로 '만들다'란 동사 다음에 사람이 오면 당연히 그 사람을 어떤 동작을 하게끔 만들었구나라고 생각이 들어야 한다.

언어는 원래 상식선상에서 만들어진 사용자들의 약속이기 때문이다.

그래서 이렇게 상대방으로 뭔 일을 하게끔 만드는 동사를 일 시키는 동사라고 해서 한자로 어렵게 '사역동사'란 용어를 붙여 배웠던 것이다. 하지만 이제는 그냥 주인공의 상대방에게 일을 시키는 동사들이라고 이해하면 그만이다. 그런 종류의 동사에는 make 이외에도 have, get이 있다.

학교에서 문법이란 이름으로 그냥 너무나 당연시하면 외웠던 내용이다. 바로 '사역 동사' 다음에는 자동으로 '사역동사 다음에는 목적어, 동사 원형' 이렇게 배우고 외워왔다.

하지만 어느 원어민도 문법 용어를 배워서 말을 하지는 않는다. 우리 나라 사람들도 어느 누구나 다 한국어를 유창하게 구사하지만, 문법이란 것을 하나도 모르고도 말을 유창하게 자연스럽게 해 나갈 뿐이다. 그게 진정한 언어이다.

먼저 이러한 종류의 동사들의 힘의 종류를 잘 이해해야 한다.

주인공 ▶ 일 시키는 동사 ▶ 대상 ▶ to ▶ 대상이 하는 동작

여기서 to가 key 역할을 한다. 예전에 'to+동사'를 'to 부정사가 어떻고 저떻고'하고 배웠는데 그냥 잊어주기 바란다. to는 영원히 그 기본 개념을 가지고 간다. 앞에서 여러 차례 배운 대로 '나아가서 만나는 대상은 ~'이 to의 기본 개념이다. 그런데 to 다음에 동작이 이어지면 간단하게 응용하면 된다 '나아가서 하게 되는 동작은 ~'이라고 하면 된다. 그러나 가장 추천하는 바는 완벽한 우리말을 찾으려고 하지 말고 그냥 ➡ 앞으로 죽 나아가는 간격으로 이해하면 완벽하다.

주인공이 일을 시키고, 그 힘을 받는 대상은 나아가서 어떤 동작을 해야 하는 동사의 힘의 연속성이 핵심이다.

일을 시켰으니 그 대상이 부담이나 힘을 느끼고 to 를 통해 앞으로 나아가 새로운 동작을 하게 되는 것이다.

He makes the second baseman to jump

그 ▶ 만들다 ▶ 2루수 ▶ 나아가서 ▶ 점프하다

그리고 말은 계속 이어진다.
둘러싸고 있는(in) 전체가 바로 8회이다.

He makes the second baseman to jump in the eighth inning.

그 ▶ 만들다 ▶ 2루수 ▶ to ▶ 점프하다 ▶ in ▶ 8회

이렇게 해서 he에서 시작된 문장이 make란 일 시키는 동작을 따라 죽 앞으로 나아가는 것이다.

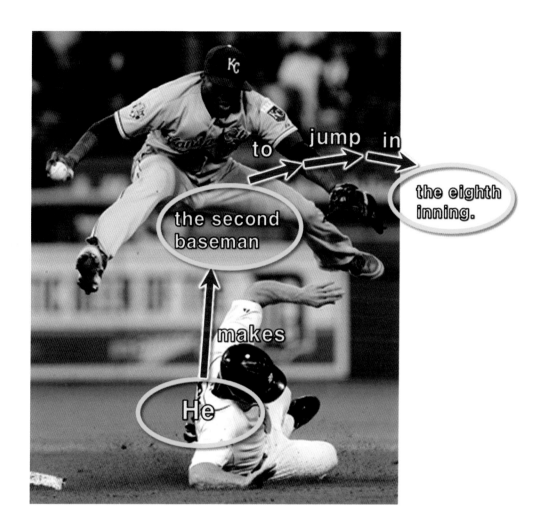

마무리로 사진에 그려진 동선을 보고 말을 한번 해 보기 바란다. 암기가 절대 아니다. 주인공에서 시작하여 앞으로 나아가는 동선의 힘을 따라 그냥 단어를 차근 차근 말하면 영어가 된다는 진정한 원어민식 말하기를 훈련해 보기 바란다.

자! 이제 좀 더 발전을 해 보자.

때로는 본문의 문장을 이렇게 말하기도 한다.

He makes the second baseman jump in the eighth inning.

무슨 차이를 발견 못했는가?

그렇다. **바로 to가 없어졌다.**

때로는 이렇게 to를 없애고 사용하기도 한다. 그래서 이렇게 to 동사에서 to가 없어지고 동사만 사용하는 경우를 '동사 원형'이라고 기존 문법에서는 가르친다. 이런 용어가 무슨 소용이 있는지 정말 되묻고 싶다. 먼저 왜 그런지 이해를 시켜야 함에도 불구하고 그냥 영어는 이렇게 쓰니깐 외우란 말 밖에 하지 않는 것이 너무 답답할 뿐이다. 태어나서부터 그 나라에 사는 원어민이 아닌 이상 노출과 반복 암기를 통해 영어를 익히는 것은 너무나 시간이 많이 허비가 된다. 그래서 '원리 이해 학습 방식'을 통해 그 시간을 엄청나게 단축해야만 한다.

일을 시키는 동작의 경우, 일을 시키는 힘이 강하다고 느껴질 경우 그 일 시킴을 당하는 대상의 경우는 바로 뭔가 행동을 취해야겠다는 부담을 가질 것이다. 그래서 간격에 해당하는 to를 생략하고 바로 동작으로 가는 경우도 있는 것이다.

그래서 머리 속에 일을 시키는 동사의 경우 to를 생략할 수도 있다는 것을 기억해 주기 바란다.

이처럼 명사 다음에 동사 원형이 오는 경우가 또 있다. 바로 **have, help, let** 이다.

일단 예를 하나 먼저 보면,

I help him come here.

나 ▶ 돕다 ▶ 그 ▶ 오다 ▶ 여기

통상적으로는 I help him to come here가 원래 문장인데, to를 생략하고 I help him come here라고 할 수 도 있다.

앞에 설명한 make처럼 help 동사도 도와주는 힘이 강해서, 도움을 받는 사람 입장에서 주저할 바도 없이 바로 동작을 취할 수 있게 되면 '앞으로 나아가는' 간격을 가진 to가 필요 없게 되기 때문이다.

18

동사의 수많은 뜻들,
무식하게 다 외우지 않아도 된다.

애로우 잉글리시 학습법을 통해 그 동안 잘못 이해했던 '동사의 의미'를 바로 잡고, 암기할 수밖에 없었던 동사의 수많은 뜻을 한꺼번에 꿸 수 있는 비법을 배워보자.

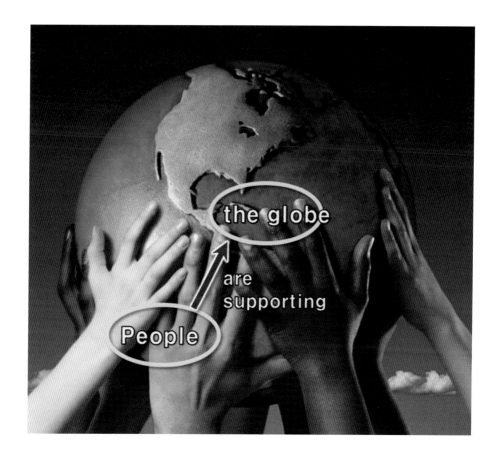

People are supporting the globe.

사람들 ▶ 받치고 있다 ▶ 지구본

이제 애로우잉글리시 방식을 통해 그 동안 잘못 이해했던 '동사의 의미'를 바로잡고, 암기할 수 밖에 없었던 동사의 그 많은 뜻들을 한꺼번에 굴비 엮듯이 꿸 수 있는 비법을 배워보자.

어느 영한사전에 실린 **support**의 설명이다.

support

동사

1. 버티다, 받치다(hold up). support oneself with a stick 지팡이로 몸을 버티다.

support a roof by pillars

2. 유지하다, 지속시키다, 지탱하다(maintain). support life 목숨을 유지하다.

3. 힘을 돋 구다, 기운 나게 하다, 용기를 북돋우다(encourage).

be supported by courage[hope] 용기[희망]로 버티다. What supported him was a glass of brandy. 그를 기운 나게 한 것은 한 잔의 브랜디였다.

4. 참다, 견디다(endure, tolerate, put up with).

I can support the fatigue[his insolence] no longer. 이 피로[그의 오만 불손]에는 더 이상 참을 수 없다.

5. 부양하다, 먹여 살리다(maintain, provide for).

support a family 가족을 부양하다. support oneself 자활하다.

6. 재정적으로 원조하다; 지지하다, 후원하다(back, uphold).

support a leader[a cause, a policy, a motion] 지도자[주의, 정책, 동의]를 지지하다. support a theory 학설을 지지하다.

7. (진술을) 입증하다, 확인하다, 뒷받침하다 (vindicate, confirm). support a statement[an argument, a claim] 진술[의론, 주장]을 뒷받침하다.

8. (연극) 8-(1). (역을) 맡다, 연기하다(act). support the character[part] of Macbeth 맥베스 역을 맡다. 8-(2). (주역을) 조연하다, …의 조연을 맡다(act with, take a secondary part to).

9. 시중들다, 보좌하다. The speaker[lecturer] was supported on the platform by the mayor. 연사[강사]는 시장과 동반하여 연단에 섰다.

10. (음악) 반주하다.

명사

11. 버팀, 지지, 유지. in support of …을 도와서, 을 변호하여, …에 찬성하여. stand without support 의지하지 않고 서다. give support to …을 지지하다, 받치다. get[receive] support from …의 지지[후원]를 얻다.

12. 부양(maintenance) ; 의식(衣食), 생활비. the support of a family

13. 격려, 원조, 후원, 찬조. give one's hearty support to …을 진심으로 지지하다. I shall hope for your support in my candidature. 내가 입후보할 경우에는 지지를 바라고자 합니다. troops in support 예비부대. speak in support of …을 변호[옹호]하다.

14. 지지자, 원조자, 의지할 수 있는 사람 ; 지지물, 토대 ; 버티는 기둥. He is the chief support for the cause. 그 주의[운동]를 지지하는 중심인물이다. The neck forms a support for the head. 목은 머리를 버티는 기둥이다. provide a structure with supports 건물에 지주(支柱)를 세우다. He is the sole support of his aged mother. 그의 노모가 의지할 곳은 오직 그밖에 없다.

15. 화포(畫布), (유화용) 목판(木版).

16. (감광제〈感光劑〉를 칠하지 않은) 생(生)필름.

17. [연극] (주역의) 조연자, 조역 ; [음악] 반주부. play support 조연하다.

18. (군대) 예비부대.

보다시피 동사, 명사 합쳐서 사실상 30개가 넘는 의미들이 줄줄이 나열되어 있다. 이걸 모두 암기해서 문장에서 만나면 적절하게 의미를 재빠르게 기억해 내고, 더 나아가 어떤 상황에 맞닥뜨리든 거기에 적절하게 맞춰서 써먹는다? 어불성설이다.

몸을 지탱하다, **기력을** 지속하다, **선수를** 응원하다, **고통을** 견디다, **가족을** 부양하다 등등 우리말에선 앞의 목적어에 따라 뒤에 이어질 동사가 대충 가늠된다. 그러나 **영어는**

동사가 나온 뒤에야 목적어(대상)가 오기 때문에 동사까지만 보고서 목적어(대상)를 가늠하는 건 거의 불가능하다. 또한 목적어가 나오기 전까지는 동사의 의미가 '지탱하다'인지 '견디다'인지 '응원하다'인지 알 도리가 없다. 그러함에도 불구하고 우리는 그간 영한사전을 통해, 나오지도 않은 목적어를 어떤 것이 올 경우라고 미리 전제해 놓고 마치 여러 가지 의미를 가진 한 단어인 '다의어'라도 되는 양 거기에 맞춘 동사의 숱한 의미들을 암기했던 것이다.

누차 강조하지만, 한번 입 밖에 나온 말은 활시위를 떠난 화살처럼 결코 되돌아오지 않는다. 그렇다면 원어민이 이해하는 개념 대로 동사까지만 나온 상태에서 목적어(대상)이 없어도 동사를 이해하고 넘어가려면 어떻게 해야 할까?

영한사전에 예시된 support의 여러 뜻들을 하나하나 살피며 그걸 모두 아우르는 공통의 의미가 무엇일까? 곰곰이 생각해보라.
특히 제시된 각각의 의미들을 물리적 동작으로 바꿔보고 그 방향성을 한번 따져보라. 그런 식으로 하다 보면 분명 support가 담고 있는 숱한 뜻들에 담긴 공통분모를 어렴풋이 느낄 수 있을 것이다. 일단 그 공통분모로 떠오른 의미를 다시 사전에 예시되고 있는 예문들에 적용해보면서 그 옆에 제시된 우리말 의미가 생기는지를 반복해서 확인해보면 기본 의미가 머리에 잡힐 것이다.

그 결과 필자는 support에서 **"주어에서 뭔가 떠받치는 힘이 나와서 뒤의 목적어에 영향을 미친다"**는 모양새의 공통분모를 읽어낼 수 있었다. 즉, support의 물리적 동작과 방향에 기초해 '위로 떠받치다'는 기본 의미를 추출해낸 것이다.

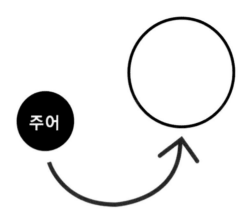

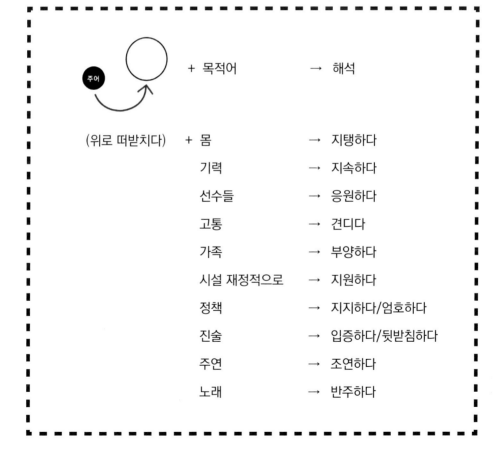

(위로 떠받치다)	+ 몸	→	지탱하다
	기력	→	지속하다
	선수들	→	응원하다
	고통	→	견디다
	가족	→	부양하다
	시설 재정적으로	→	지원하다
	정책	→	지지하다/엄호하다
	진술	→	입증하다/뒷받침하다
	주연	→	조연하다
	노래	→	반주하다

여기서 두 가지 의문이 생길 수 있다.

첫째, 사람의 사고 구조가 각기 다른데, 어떻게 support의 기본 의미가 누구에게나 똑같이 이해될 수 있는가 하는 문제다. 그러나 이건 전혀 문제가 되지 않는다. 우리가 '집'이라고 할 때 사람마다 떠올리는 집의 이미지나 구체적 의미는 제 각각이다. 그러나 거기엔 공통되는 개념이 있기 때문에 의사소통에 전혀 문제가 없는 것이다. 마찬가지로 영어 단어의 의미도 원어민이라고 해서 모두 동일하지는 않다. 단지 공통분모가 있을 뿐이다. 따라서 support에 대해 구체적으로 어떻게 표현하든 그 움직임을 어떤 식으로 그리든, 중요한 것은 뭔가 '위로 떠받치다'는 모양새의 개념이 담긴 기본 의미를 자기 나름으로 소화해 갖고 있으면 된다는 점이다.

이미 알고 있던 단어라 하더라도 이렇게 기본 의미를 찾는 작업을 다시 하자. 언제 그런 작업을 다시 하냐고 불평할지는 몰라도, 이게 가장 빨리 가는 지름길이다.

둘째, '위로 떠받치다 + 몸'을 만나는 즉시 이를 '지탱하다'란 의미로 유추하는 단계가 간단치 않아 보이기도 한다는 문제다. 그러나 이 역시 해보지 않은 탓에 막연히 어려워 보이는 데 불과하다. 인간이 지닌 인지 능력과 활용 능력은 생각보다 실로 엄청나다. 인간만이 언어라는 무기를 갖게 된 이유가 바로 거기에 있다. 기본적으로 언어 구사가 가능한 사람이라면 매우 순간적으로 그런 인지 과정이 이루어진다. 단어와 단어 사이의 관계를 유추하거나 두 단어의 결합으로 발생하는 새로운 의미를 인지하는 건 인간의 두뇌에 부여된 신의 선물이다. 이 뇌의 능력을 최대한 활용하는 것이 살아 있는 영어 학습의 관건이라고 할 수 있다. "I must support my family"라고 할 경우, support를 굳이 '부양하다'라고 번역하지 않더라도 support를 만나자마자 바로 그 이미지와 힘의 작용을 떠올리면 뜻은 무리 없이 통하게 된다.

우린 영어를 만나면 늘, 한국말로 바꾸는데 골몰해 왔기 때문에 이런 현상이 벌어진다. 그러나 우리가 한국말로 뭔가를 이해하는 것 같지만 뇌의 종착지에는 이미지가 존재한다. 그림이 존재한다. 느낌이 존재한다. 그래서 이미지만 제대로 가지고 있어도 이해하는데 지장이 없게 된다. apple을 '사과'란 우리말을 거치지 않고, 사과란 그림과 이미지 형태로 바로 가도 이해에 전혀 지장이 없고 때로는 이해의 속도가 더 빠르다.

영어가 암기 과목이 아니라 이해 과목이란 점은 바로 이런 데서도 드러나는 것이다. 한 단어 한 단어의 기본 의미를 그 동작과 방향에 따른 그림으로 분명히 이해할 때 사전에 개별적으로 나열되어 있는 제2, 제3의 의미가 자동적으로 이해되고 습득된다. 가속도의 법칙이 적용되는 것이다. 어떤 문장을 만나도 의미가 구체화된다. 한 단어를 만능열쇠처럼 사용하는 법을 배우게 되며, 스스로 자라나는 자생력이 있는 단어 습득법을 익히게 되는 것이다. 특히 동사에 있어서는 정말 효과적인 학습법이다.

수십 가지 의미를 가지고 있는 단어 암기법

한 가지를 하더라도 호박을 넝쿨째 건지는 공부를 해야 단기간에 효과를 볼 수 있다. 한 단어를 가지고 여러모로 다양하게 활용 할 수 있도록 단어공부를 제대로 해야 한다.

'생맥주'가 영어로 무엇인가? 앞에 '생'이란 의미 때문에 '살아 있는 ~' 와 같은 단어가 나와야 할 것 같은데 의외로 'draft beer'이다. 일단 사전에서 'draft' 란 단어를 한번 찾아 보자.

단지 단어 하나를 찾았을 뿐인데 그 뜻이 한 페이지 한 가득 나오면 갑자기 마음이 갑갑하고 무거워지지 않는가? 그런데 더 당황스럽게 만드는 것은 기대했던 '생'에 해당하는 '살아있는, 신선한'의 의미는 보이지 않는다. 그러면 이토록 다양한 뜻을 모조리 외워야 한단 말인가?

draft

명사

1. 선화, 스케치, 밑그림; 설계도
2. 초고, 초안
3. 통풍
4. (액체 공기를) 한번 마시기 [빨아들이기], 용기에 따라 붓기
5. (수레 따위를) 끌기, 견인
6. (그물을) 한 번 당겨 올리기
7. (특정 목적을 위한) 선발 (조건, 자격), 선발된 사람[가축], **징병, 소집[징집]병**
8. 〈스포츠〉 프로 신인 선수 선발
9. (식량, 자금 따위의) 징발, 조달

- -

동사

10. 밑그림을 그리다, 스케치하다
11. 초고를 쓰다
12. 끌다, 당기다, 견인하다
13. 뽑다, 선발하다; (신인 선수)를 드래프트하다; 징병하다
14. (병사)를 파견하다
15. (가축)을 무리로부터 나누다, 팔기 위해 선별하다

우리말과 일대일 대응

draft의 여러 가지 의미 중 1번, 2번의 '밑그림, 초고'까지는 이해가 되는 데, 7번 '소집병/징집병'과 같은 의미는 1번, 2번과 전혀 상관이 없어 보인다. 이래서 모두 외우는 것은 힘들다. 좀 상관관계라도 찾으면 좋으련만...

draft의 경우만 그런 것이 아니고, 다른 영어단어를 찾아보아도 웬만한 단어들은 최소 2~3개의 의미를 가지고 있다. 게다가 기본 동사들인 have, make, get, take, run 처럼 30~40개의 의미를 지니며 사전의 2페이지 이상을 도배하는 경우도 있다.

그렇다고 해서 여러 의미들을 가진 단어들을 우리말로 기계적으로 외우려고 하면 다음과 같은 문제점이 생긴다.

1) 일단 30~40개의 의미를 다 외우는 것 자체가 불가능하다.

2) 힘들게 외워도 금방 잊어버려 무용지물이다.

3) 어렵게 수십개의 뜻을 다 외웠다 할지라도 그 여러 뜻 중 여러분이 읽는 문장에 쓰인 그 단어가 어떤 것인지 알아내기는 더 힘들다.

그렇다 보니 한 단어의 다양한 의미는 그냥 보기 좋은 떡일 뿐이다. 더 황당한 경우는 사전에 없는 뜻으로 사용되는 경우이다. 가끔 사전에 없는 뜻을 원어민들이 만들어 쓰는 경우도 있다. 그런 경우는 사전을 뒤져봐도 의미 해석이 안 되는 경우가 허다하다. 게다가 사전은 한번 만들어 놓고 나면 일정 기간 동안, 심지어는 몇 십년이 지나도 그대로인 경우도 있고, 요즘처럼 세상이 정신 없이 변할 때는 새로운 분야의 신조어들을 그 사전에 제대로 다 수정 · 첨가 · 보완할 수가 없기 때문이다.

단어의 기본 이미지 이해

위와 같은 문제는 애로우잉글리시의 또 다른 비밀병기와 같은 '이미지와 알파벳 뉘앙스를 이용 한 단어학습'을 활용하면 모든 근심이 저절로 해결된다(**이 단어 학습법은 유튜브 애로우잉글리시로 검색하면 내용을 무료로 볼 수 있도록 올려 놓았다. 참고 바란다**).

일단 'draft'란 단어는 d로 시작된다. d의 뉘앙스는 알파벳 이미지에서 느낄 수 있듯이 아래쪽이 무겁다. 아래쪽으로 내려가는 뉘앙스이다.

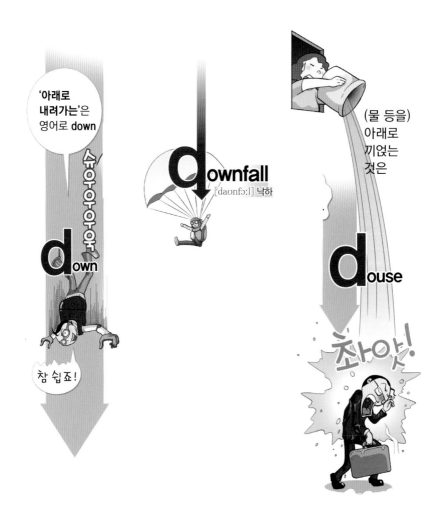

위의 그림에서 보듯이, 다들 **d**로시작하면 아래로 내려가는 의미를 담고 있다.

이렇게 알파벳 뉘앙스를 알고, 사전에 쓰인 다양한 의미들을 한번 죽 훑어보기 바란다. 절대로 암기를 하기 위해서가 아니다. 죽 훑어 보면서 이 **d**의 느낌을 포함한 통합적인 의미를 찾아보자.

이렇게 단어의 기본 개념을 한 번이라도 파악해 보지 않으면, 결국 단어의 의미를 한국어의 개념으로 이해하고 있는 것에 지나지 않는다. 실제로 하나의 사물을 한국어로 바라보는 것과 영어로 바라 보는 것은 전혀 딴 그림이다.

예를 들어, 눈앞에 그릇 하나가 있다고 치자. 그것을 두고 우리는 '뚝배기'라고 하지만 원어민들은 'bowl'이라고 한다. 그때 이 두 글자에 대해서 느껴지는 느낌을 적어보면, 뚝배기는 왠지 투박한 느낌이 들지만 'bowl'은 그냥 불룩하게 나와서 넓게 퍼진 큰 그릇의 느낌이 든다. 이렇듯 뚝배기와 'bowl'이란 단어는 그냥 일치 하려고 해야 일치할 수가 없다.

이제 이러한 d의 기본 개념을 draft란 단어에 다시 적용해 보자.

딱 보면 알겠지만, draft에 나온 **1번 뜻이 기본 개념이 아니다.**

draft란 동사를 자세히 살펴보면 3번, 4번에서 '~를 끌다, 당기다'란 공통 의미를 찾을 수 있다. 일단 여기에서 알파벳 뉘앙스 d를 바탕으로 '아래쪽으로' 어떻게 한다는 뉘앙스를 기본적으로 깔고 있다. 이제 발음을 해보자. 혼자서 draft를 여러 번 발음해보면서 머리를 비우고 어떤 선입견도 버리고 그냥 편안하게 느껴지는 것을 파악해보기 바란다. '아래 쪽으로 힘을 가해 죽~ 당기는' 느낌이 들지 않는가. 여기서 더 나아가 이제 '아래로 끌어당기다'라는 기본 개념을 만들 수 있다.

기본 그림을 그려보면 아래와 같다.

이렇게 해서 만들어진 기본 개념을 다른 의미들에 적용해보자. 우리말의 사전적 의미

에 너무 집착하지 말고, 자연스럽게 '**아래로 끌어당기다**'란 개념을 찾을 수 있는지 한번 해보자.

   1번 의미인 '~의 밑그림을 그리다'가 머리 속에서 '아래로 끌어 당겨 낸 결과물'이 아 닐는지. 그리고 2번 '~의 초고를 쓰다'도 '아래로 처음 끌어낸 결과물'로 이해가 될 수 있 을 것 같다. 나아가서 4번 의미를 보면 '~을 선발하다'는 '아래로 끌어내다'란 의미가 그대 로 담겨 있다. 이렇게 하고 보니 5번의 '병사를 파견하다'는 어떤 모 부대에서 병사를 '아래 로 끌어내다'란 의미로 이해될 수 있다. 그렇기 때문에 '징병하다'란 의미도 '군대로 보내 기 위해서 아래로 끌어내다'로 기본 개념을 포함하니 기본 개념이 쉽게 적용된다. 그리고 제일 마지막의 6번 의미인 '가축을 무리로부터 팔기 위해 선별하다'는 당연히 '아래로 끌 어내다'로 쉽게 이해된다.

   이제 생맥주가 draft beer인 이유는 맥주를 담아 놓은 통에서 금방 아래로 끌어낸 맥 주 라는 뜻에서 draft란 단어를 사용했다는 것이 쉽게 이해가 간다.

   이제 명사에도 적용을 해보자.

   따로 특별한 설명을 하지 않고 조금만 돕겠다. 여러 의미를 암기하지 않고도 쉽게 연 결되어 기본 의미로 이해가 가는지 살펴보자.

---

draft

명사

   1. 선화, 스케치, 밑그림; 설계도
   2. 초고, 초안
   3. 통풍
   4. (액체 공기를) 한번 마시기 [빨아들이기], 용기에 따라 붓기
   5. (수레 따위를) 끌기, 견인

---

6. (그물을) 한 번 당겨 올리기
7. (특정 목적을 위한) 선발 (조건, 자격), 선발된 사람[가축],
   징병, 소집[징집]병
8. 〈스포츠〉 프로 신인 선수 선발
9. (식량, 자금 따위의) 징발, 조달

어떤가? 동사를 기본 개념으로 파악해서 잘 이해하고 나면 명사는 식은 죽 먹기이다.

그런 뒤 구글에서 이미지를 좀 찾아보았다. 글자와 이미지를 붙여놓으면 이제 마무리가 된다.

draft - 스케치   draft - 한번 마시기

이렇게 하고 나니 **draft**가 단지 단어 하나로가 아니라 엄청나게 많은 명사와 동사로 쉽게 활용되는 것이 너무나 자연스럽지 않은가?

이것이 바로 '호박을 넝쿨째 건지는 단어 학습법'이다.

기본 개념이 핵 폭발하는 단어 공부

이런 식으로 기본 개념을 파악하면서 공부를 하게 되면 하나의 단어가 단순히 하나의 뜻을 가진 단어로 끝나는 것이 아니라 **draft** 처럼 20개의 단어로 활용된다. 이렇게 공부할 경우 1,500단어를 안다는 것은 그 몇 배 이상의 뜻을 알고 있다는 것을 의미한다.

모든 단어를 이런 식으로 기본 개념을 익히고 상관관계를 엮어 공부한다면 그냥 무조건 수많은 단어를 외우는 것보다 훨씬 효과적이고 지혜로운 방법이 된다.

처음에는 기본 개념을 찾는 것이 어렵게 느껴질 것이다. 그러나 한 단어 한 단어 해 나가다 보면 재미있는 게임과 같아진다. 한 단어, 한 단어의 기본 개념이 파악되고, 그 단어의 기본 개념을 바탕으로 나머지 뜻들에 적용해보면 한번에 죽~ 꿰는듯한 쾌감을 받을 수 있다.

기본 개념을 찾아가는 작업에서 가장 중요한 단서는, 영어의 글자와 소리와 그림이 하나가 된다는 '글자=소리=이미지'의 삼위일체론이다. 그렇기 때문에 무조건 득달같이 사전의 우리말 의미를 볼 것이 아니라 단어의 알파벳 뉘앙스를 살피고, 단어의 발음을 소리 내보고 자연스럽게 온몸으로 느껴지는 이미지를 그려보고, 그리고 난 뒤 1번 뜻과 2번 뜻을 종합해서 기본 개념을 결정한 다음 이제 우리말의 다양한 의미를 살펴보면서 기본 개념과 잘 부합하는지 살펴본다.

이렇게 해보면 한 단어의 여러 가지 뜻을 모두 기본 개념에 적용해보지 않아도 '아~ 이런 개념이구나'하는 확신이 든다. 그 뒤에 나머지 뜻에서도 그냥 쉽게 우리말 의미와 상관없이 여러 예문에 바로 적용됨을 알게 된다. 바로 큰 희열을 느끼게 되는 단계이다.

이제 여러분은 '기본 개념'이란 만능 열쇠를 하나 가지게 되었다. 이렇게 되면 전혀 생소한 문장을 만나도 그 문장 안에서 다른 단어들과 함께 어우러지면서 다양한 의미의 확장을 하게 된다. 한마디로 그 단어는 아 무리 새로운 환경에 놓여도 뜻은 바뀔지 모르겠지만 '기본 개념/그림'은 늘 유지하게 되는 것이다.

단어는 단지 기본 개념과 이미지만 파악해두면 구체적인 뜻은 문장에 서 함께 쓰이는 다른 단어들에 의해 마지막으로 결정된다. 그래서 우리는 이 draft란 단어가 여러 가지 의미 중에 어떤 의미가 될지 절대 미리 알 수 없다. 하지만 그 모든 단어의 의미를 다 포함하는 기본 개념과 이 미지만 파악하고 용감하게 문장을 대하면 된다. 이렇게까지 하고 나면, 인터넷 홈페이지나 원서에서 만나는 사전에 없는 새로운 뜻으로 사용되는 단어의 뜻도 알 수 있게 된다. 그 단어의 기본 이미지를 이해하고, 같이 쓰인 단어들을 보면 의미 해석이 가능해지기 때문이다.

'graduate'란 단어를 예로 들어 위의 단계를 다시 한번 복습해 보자.

1) 일단 알파벳 g가 돋보인다. G/g의 기본 개념은 글자의 이미지에서 보여지듯 '깊은 속에서 나오다'란 의미이다.

2) 발음을 해보자. '그래쥬에이트'를 우리말로 쓰니 이상하지만 발음 기호를 보고 또 인터넷 사전의 도움을 빌어 여러 번 원어민의 발음을 들어보자. 뭔가 목구멍에서부터 시작해서 힘 있게 나아가는 느낌이 들 것이다.

1)과 2)를 종합해서 '**깊숙한 곳에서 나아가다**'라고 결론을 내린다.

사전에 나오는 graduate의 다양한 의미들을 살펴보자.

graduate

형용사

1. 대학을 졸업한, 학사 학위를 받은
2. (대학의) 졸업생을 위한; 대학원의

- -

동사

3. (대학을) 졸업하다, 학위를 받다
4. (수학하여) 자격을 따다
5. 나아가다, 승진하다
6. 서서히 변화하다, 차츰 되다

이 가운데서 동사 의미 가운데 **graduate의 기본적이고 종합적인 의미**와 딱 맞아떨어지는 것이 있나 보자. 너무나 고맙게도 동사의 의미가 가운데서 '3번 나아가다'가 있다. 이런 경우는 횡재한 느낌이 든다. 너무 쉽게 딱 맞아 떨어진 임자를 찾았으니 말이다.

이제 다른 의미들에도 적용이 되는지 살펴보자. **4번**은 찰떡궁합이다. '점점 변화하다'
란 의미는 기본 개념과 같은 뜻이다. 이렇게 하고 보니 기존에 우리가 그냥 외웠던 '~를
졸업하다'란 의미가 기본 개념이 아니라 '깊숙한 곳에서 나아가다'란 의미에서 발전한 것
임을 쉽게 알 수 있다. 그리고 명사로 나아가 '대학원생'이란 의미도 대학을 졸업한 사람들
이 아니라 '대학에서부터 나아가 다음 단계에 간 사람들'로 이해되니 훨씬 더 타당하게 보
인다.

이제 graduate에 있는 여러 의미를 하나로 꿰어 꾸러미로 가지게 되었다. 그러니 동
사 **4번**의 **the dawn graduated into day**를 만나도 '새벽이 졸업했다'라고는 해석하지 않
고, "새벽이 점점 변화 되어 나아가 날이 되었구나"라고 이해하게 될 것이다. 만능 열쇠 하
나를 가진 것 같지 않은가?

숙어는 덤

graduate 같은 경우 'graduate from ~'이라고 암기를 해온 숙어가 있다. 그런데 사
실 의문이 우리말로는 '~를 졸업하다'라고 똑 떨어지는데 '왜 굳이 from이란 말을 붙일까'
였다. 그런데 기본 개념을 **'깊은 곳에서 힘 있게 나아가다'**라고 하니까 **출발지가 어디인
지?**가 궁금해진다. 그래서 출발지인 '**from**'이 필요하게 된다.

단어의 기본 이미지를 파악 하면 특히 동사의 경우 기본 힘과 개념이 파악되어, 동
사의 힘에 의한 전치사와의 연속성이 쉽게 파악된다. 이렇게 기본 개념을 제대로
파악하면, 동사 다음에 나오는 전치사는 덤으로 얻게 되어 숙어가 암기 없이도 저
절로 내 것이 된다. 숙어나 관용구가 저절로 해결되는 횡재를 한 기분이다.
이처럼 동사에서 나오는 기본 힘의 종류와 방향성을 파악하고 나면, 동사의 힘의
연속성을 통해 뒤에 이어지는 전치사는 거의 자동으로 선택 사용이 가능하게 된다.
그렇기 때문에 이제는 암기하는 숙어는 거의 필요 없어지게 된다. **from**이란 전치

사의 개념도 '~로부터'가 아니라 '출발지는 ~ '이란 새로운 원어민식 의미로 바로 잡히게 된다.

이러한 단어 학습법 없이 영영사전을 본다고 해도 달라 질 것은 없다.

이제 와서 생각해 보면 영어를 잘 하는 사람들이 '영한사전'을 보지 말라고 하는 이유를 이해할 것 같지 않은가? 영한사전을 보지 말라는 것은 영단어를 우리말로 일대일 기계적인 암기를 하지 말라는 의미이다. 대부분의 사람들이 영한사전을 보면서 나열된 의미를 보자마자 바로 어떻게 하면 다 외울까 골몰하기 때문이다. 그러나 영영 사전을 본다고 해서 뭐가 달라질까?

단어의 가장 근본적인 기본 개념과 이미지를 파악하지 못하고 그냥 수십 개 나열된 뜻을 암기식으로 외우려고 한다면 영한사전을 보는 것과 별 차이가 없다.

그렇게 그냥 암기를 하려면 차라리 영한사전을 보는 것이 더 낫다. 왜냐하면 영영사전을 보는 것보다 오히려 시간이 덜 걸리기 때문이다. 영한사전을 통해서 먼저 단어의 기본 개념과 이미지를 파악하는 것이 급선무이기 때문이다.

19

수십 개의 동사를 대신하는
"파워 동사들"

수십 개의 동사를 대표하는 동사만 알면 수많은 동사를 암기해서 사용할 필요가 없어진다.

A woman takes oxygen from a can.

한 여성 ▶ 흡입한다 ▶ 산소 ▶ from ▶ 캔

주어가 한 여성이다. 그 여성이 하는 동작은 '마시다, 흡입하다'이다. 그 대상은 산소 (oxygen)이다. 그리고 나서 전치사 from이 이어져 온다. 앞에서 하는 동작이 빨아 당기는 동작이니 당연히 산소는 어딘가에서 나와와야 할 것 같지 않은가? '나아오며, 출발지는 ~' 이란 의미를 가진 전치사 from은 그냥 선택 사항이 아니라, 당연히 나와야 할 단어이다. 그 출발지가 바로 산소캔(can)이다.

사진에 단어를 순서대로 앉혀보았다.

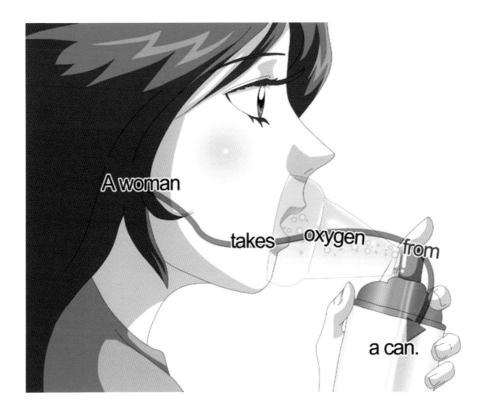

A woman takes oxygen from a can.

여기서 동사 take의 사용에 주목을 좀 해 보자.

사진에 보면 주인공인 한 여성이 하고 있는 동작은 '흡입하다, 마시다'이다. 이런 경우 일반적으로 당연히 영어로 '흡입하다'에 해당하는 'inhale'이란 동사를 생각해 내려고 애를 쓰게 된다. 그런데 본 영어 문장에서는 'take'란 너무나 흔한 단어를 사용했다. take는 기본적으로 우리가 '잡다, 취하다'란 의미로 알고 있는데, 이렇게 '흡입하다'란 의미로도 사용되는 것을 보고 놀라지 않았는가?

이런 경우에, 보통은 바로 사전을 펼쳐서 take의 여러 다양한 의미들 가운데 '흡입하다, 들이마시다'란 의미를 찾아내야 그제서야 안도의 숨을 쉬면서 take에 이런 의미가 있었구나 라고 생각하게 된다.

그런데 여기서 창의적인 역발상을 한번 해보자.
사전에 take를 찾으면 만나게 되는 수십개의 의미들을 보고서, '어떻게 이 많은 의미들을 다 외우지!'라고 한숨을 쉴 것이 아니라, 역으로 '그 수십 개의 말들을 take란 동사 하나만 사용하면 다 해결 되는 구나!'라고 생각해 보자. 갑자기 영어 실력이 확 느는 기분이 들지 않는가?

그렇다! 동사 중에 여러가지의 의미들을 가진 동사들은, 말을 할 때 그 동사 하나만 제대로 사용하면 굳이 여러 다른 동사들을 따로 많이 외울 필요 없이 말을 편하게 할 수 있게 된다는 말이다.
이러한 동사들을 '대표 동사'라고 하면 어떨가?

이제 이 대표 동사에 대한 이야기를 좀 더 해 보도록 하자.
이 대표 동사가 여러분의 영어 말하기나 쓰기에 있어 "단어를 몰라서, 어휘를 많이 몰라서..."라는 변명을 부질 없게 만들어 줄 수 있을 것 같지 않은가?

동사들을 묶어라

'대표 동사'라는 말을 한번 만들어 보았으니, 이 참에 동사들을 분류를 한번 해 보자. 이렇게 분류를 잘해 놓으면 동사 활용에 있어 참 유용한 동사의 '기본 의미 찾기'가 훨씬 더 수월해진다. 동사가 지닌 힘의 종류와 방향에 따라 동사들을 분류를 해 보자.

사물이 행하는 대표적인 물리적 동작을 나타내는 '대표동사'. 그리고 그 대표 동작과 동일한 힘의 방향을 지닌 '기본 동사', 이 기본동사로부터 그 하위로 파생되어 나간 '일반 동사'로 동사들을 그룹화 해보자는 것이다.

주어가 취할 수 있는 동작의 형태라는 게 엄청나게 종류가 많은 건 사실이지만, 그것을 크게 분류를 해 보면 몇 가지 대표동사군으로 분류할 수 있다. 생각해 보자. 언어가 생긴 초기에는 뛰거나, 걷거나, 밀거나 당기거나 하는 등의 간단한 동작들에 대한 표현만 있다가 언어가 발달함에 따라 점차 동작을 더 세밀하게 표현해야 할 필요가 생겨나 동사의 종류가 늘어났을 뿐이다. 따라서 추상적인 동사 역시 물리적 대표동사에서 변화되었을 뿐이다.

가령, **썰든(chop), 톱질하든(saw), 깎든(shave), 저미든(slice) 모두 자르는(cut) 행위라는 점은 동일하다.** 바로 cut이라는 대표 동작 아래에 여러가지 세분된 동작을 가리키는 기본 의미들이 생겨난 것이다.

그러나 이와 같이 동사들을 대 분류하는 것이 어려워 보일 수도 있지만 결코 그렇지 않다. 언어란 인간의 사고 활동의 일부이다. 그러니 동사의 분류도 우리가 충분히 추측할 수 있는 범위 아래 놓여 있을 뿐이다.

명심할 점은 여기서도 역시 특정 동사가 어떤 대표동사에 속하고, 그 하위에 있는 동사에는 무엇이 있는지 분류 그 자체를 외우자는 게 아니라는 것이다. 누차 강조했듯이, 동사의 힘의 종류와 방향을 알아야만 주어에서부터 동사 그리고 목적어, 전치사로 이어지는 자연스러운 한 편의 그림을 그려낼 수 있기 때문에 머릿속에 동사의 물리적 그림을 그리라는 것이다. 그 그림에는 반드시 **주어로부터 나오는 동작과 방향감이 함께** 녹아 있어야 함은 물론이다. 이런 그림이 그려질 때 각 동사들은 서로 자유롭게 대체가 가능해짐으로써 무한한 확장과 활용이 가능한, 그야말로 '**수퍼 동사**'가 되는 것이다.

대표동사의 하나인 get을 예로 들어 설명해보자. '얻다, 갖다, 입수하다' 등등의 의미를 지닌 get의 기본 개념을 그 힘의 방향에 기초해 그림으로 표현하자면 다음과 같다.

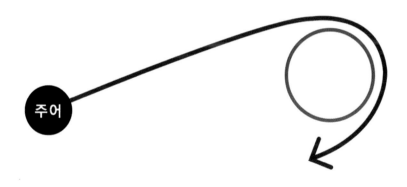

주어가 움직여서 뭔가를 주어 쪽으로 가져오는 동작적 개념을 보인다. 그냥 단순히 가지고 있다는 의미의 have와 달리 get은 주어가 직접 몸소 몸을 움직여 나아가 대상을 취하는 모습이다. 이 물리적 대표동작의 힘과 방향을 공유하는 동사들을 다음과 같이 분류해볼 수 있다.

get ─
- gain 자신에게 필요한 것을 노력하여 get
- acquire 시간을 들여 get
- obtain 몹시 원하는 것을 노력하여 get
- buy 값을 치르고 get
- learn 지식을 머리에 get
- gather 여러 곳에서 한 곳으로 get
- want 마음속으로 get ─
  - wish 실연 가능성에 관계없이 want
  - hope 실현 가능하다고 믿고 want
  - expect 확신을 가지고 want
  - anticipate 기쁜 마음으로 want
  - need 불충분하여 want

want(원하다)나 hope(희망하다), expect(기대하다) 같은 추상적인 의미들도 사실 그 기본 개념은 '앞으로 나아가 뭔가를 가져오기를 원하는' 느낌이다. 그것이 손발이 아닌 마음이 뻗어나간 점만 다를 뿐이다. 이를 물리적 그림으로 그려보면 결국 주어가 움직여서 뭔가를 주어 쪽으로 가져오는, get의 동작 및 방향과 일치한다. 이렇게 기본 동작을 파악하는 데서부터 새로운 동사의 의미 파악이 시작되어야 한다.

영어를 잘하는 진짜 비결이, 바로 이런 동사의 움직임이 지닌 방향성에 들어 있다. 동사의 방향만 제대로 파악하고 있으면, 몇 개의 대표 동사만으로도 모든 말을 다 표현할 수 있다.

그래서 한국말 의미에 따라 일대일 번역이나 영작을 하려고 하지 말아야 한다. 다른 언어 간에 딱 맞아 떨어지는 단어들도 많이 있지만, 그렇지 않은 단어들도 많이 있음을 기억하자. 중요한 동사의 경우 한국말과 일치하는 의미의 단어를 찾는 것이 먼저가 아니라 동사의 기본 개념에 근거한 기본 방향을 파악하는 것이 더 중요하다. 그 기본 힘과 방향성이 일치하면 대표 동사를 사용해도 의미가 전달되는데 전혀 지장이 없다는 것을 기억하자.

이렇게만 하면, 더 나아가 이어지는 전치사의 사용도 문제가 되지 않는다. 동사의 방향에 맞춰 동반되는 전치사도 그에 걸맞는 것을 사용할 수 있게 되기 때문이다. 말하자면 어떤 전치사를 써야 하는지 고민할 필요 없이, 동사가 지닌 움직임의 방향과 어우러지는 전치사를 택하게 되기 때문이다.

20
사전도 필요 없어지는 나만의 동사공부

다양한 의미들 속에 숨어 있는 공통된 동사의 힘의 종류와 방향만 파악하면 사전에도 나오지 않은 말이 뒤에 붙어도 자연스럽게 문장 내에서 이해가 된다.

Workers <u>gather</u> honey <u>from</u> boxes which contain thousands of bees.

일꾼들 ▶ 모으다 ▶ 벌꿀 ▶ from ▶ 박스들 ▶ 그것이 ▶ 포함한다 ▶ 수천 ▶ of ▶ 벌꿀들

사진을 먼저 보자. 영어를 보고 해석 하려고 덤벼들지 말고 먼저 무슨 말을 하려고 하는지를 사진이나 장면을 통해 생각해 보자. 영어가 별건가? 다 하고픈 말을 하고 싶은 것 아니겠는가?

사진에서 주어는 workers(일꾼들)이다. 주어에서부터 앞으로 나아가며 가장 가까운 말은 동작이다. 일꾼들이 하는 동작은 gather(모으다)이다. 이러한 '모으다'란 동작은 당연히 대상을 필요로 한다. 그 대상이 honey(꿀)이다. 사실 영어로 말을 할 때 가장 중요한 부분이 여기까지 이다.

주인공 ▶ 동작 ▶ (대상)

대상에 괄호를 한 이유는 동작 중에는 대상을 필요로 하는 동작도 있고, 대상이 필요치 않는 스스로 하는 동작인 경우도 있기 때문이다.
동작 다음에 이어지는 대상은 그냥 동작의 성격에 따라 자연스럽게 결정되는 부분이라 그리 신경을 많이 쓸 것도 없다.
사실은 그 이후가 중요하다.

주인공 ▶ 동작 ▶ 대상

다음에 더 중요한 바는 동작에서 나오는 힘이다. 영어는 주인공에서부터 출발하여 앞으로 죽~ 나아가는 방향으로 확장되어 가는 사고 하나로 말이 만들어지기 때문에 주인공에서 출발하는 실질적인 힘은 동작에서 나온다. 그래서 동작이 어떤 종류의 힘과 방향성을 가지느냐에 따라 문장이 결정 된다고 보면 된다. 이 문장에서는 gather(모으다)란 힘이

발생했다. 그렇게 되면 대상이 무엇이던 간에 '주인공 쪽으로 당겨오는 힘과 방향성'이 나온다. 그래서 그 다음에는 주인공 쪽으로 나아오는 힘을 가진 전치사 **from**이 등장하는 것이다.

일꾼들 ▶ 모으다 ▶ 꿀 ▶ from ▶ boxes

동사에서 출발한 힘의 연속성은 여러분이 느끼는 지극히 상식적인 판단에 일치한다. 그래서 암기하거나 또는 무수한 반복을 해야 하는 수고를 덜어주게 된다.

그리고 난 다음에 본문은, **which** 관계사로 말이 이어진다.

Workers gather honey from boxes which contain thousands of bees.

which는 '앞에 선행사를 수식하는 수식 구조'라고 학교에서나 문법책에서 많이 가르친다. 하지만 그렇게 했다가는 해석은 된다고 하더라도, 문장 끝에 있는 마침표에서부터 거슬러 올라오는 번역식 영어가 여러분의 영어를 딱 해석만 겨우 하는 수준으로 묶어 놓고 만다. which를 보자 마자 바로 이해가 되어, 그 뒤로 죽 순서대로 이해가 되어 나 갈 수 있어야 듣기도 가능하고, 생각하는 순서대로 말 만들기도 가능한 영어가 된다.

이제부터 which를 만나면, 그냥 앞에 나온 명사에 이어서 설명을 더 해 나간다고 생각하고 말을 만들어 가면 된다. 앞에 나온 boxes(상자들)에서부터 이어서 "그것들이"라고 새로 말이 시작하면 된다. 그리고 그 힘이 contain(포함하다)이다. 그리고 난 다음에 포함하는 대상이 thousands(수천 마리)이다. 그 수천 마리가 무엇인지 자세히 보니 of '관련된 것이' 벌들 이다.

상자들 ▶ which(그것들이) ▶ 포함하다 ▶ 수천 마리 ▶ of(관련된 것은) ▶ 벌들

아래 그림에 그려 놓은 동선을 보면서 이제 말을 좍 ~ 한번 해 보기 바란다.

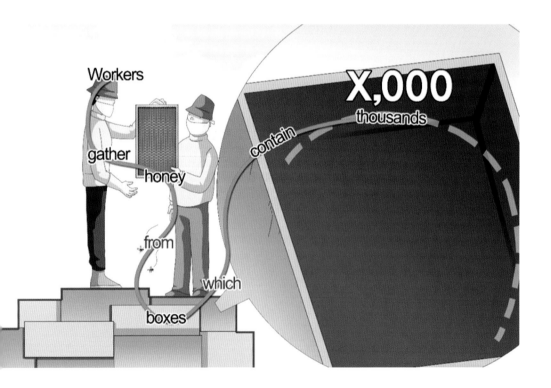

어떤가 그냥 주인공인 **workers**에서 시작해서 **which**를 거쳐 마지막 **bees**까지 죽 나아가면서 순서대로 말이 만들어 지는 것이 신기하지 않은가?

이제 더 나아가 동사를 더 쉽고 효율적으로 학습 할 수 있는 방법을 알아 보도록 하자.

실제로 동사를 공부할 때 반드시 거쳐야 할 학습 단계를 소개하도록 하겠다. 단계라고 하니 뭐가 이리 복잡해 할 수도 있겠지만 더 쉽게 동사 하나를 익히더라도 200% 활용하도록 하기 위함이니 한번 단계를 밟아 가보자. 이 단계를 차근차근 밟아가다 보면 자신만의 멋진 효율적인 동사사전이 완성될 것이다. 더 나아가 나중에는 사전도 필요없이 스스로 동사의 의미 확장이 일어나게 되는 수준으로 발전하게 될 것이다.

gather를 예로 들어보자.

다음은 어느 영한사전에 실린 **gather**의 내용인데, 타동사만으로도 무려 11가지 의미가 나온다.

① [한곳으로] [사람 · 동물 · 물건 따위]를 모으다, 끌어(긁어)모으다, **gather nuts** 나무 열매를 주워 모으다. ② [여러 장소나 출처에서][[물건자료정보 따위]를 모으다, 얻다, ~을 축적하다(amass), **gather data** 데이터를 모으다, **gather wealth** 부(富)를 축적하다. A roiling stone gathers no moss. 속담 구르는 돌에 이끼가 끼지 않는다. ③ [관찰을 통해서] ~을 배우다 ~을 알다(learn understand); ~으로 추단(추측)하다(infer, conclude). What did you gather from his statement? 그의 말을 너는 어떻게받아들였니? I gathered from what he said that he was upset. 그의 말을 듣고 나는 그가 당황하고 있다고 생각했다. ④ [꽃, 과실 따위]를 따다(pick), [농작물]을 거두어들이다(수확하다)(harvest). **gather flowers** 꽃을 따다. **gather one's crops** 농작물을 거두어 들이다. ⑤ ~을 끌어안다

(embrace). gather a person into one's arms 남을 양팔로 끌어안다. ⑥ ~을 가려내다(sort out), 골라내다(select), [시문(詩文) 등]을 선집選集하다. ⑦ [어떤 사태에 대처하기 위하여][몸]을 다잡다, 긴장시키다, [정력·지혜 등]을 기울이다(up). gather one's energies 혼신의 힘을 쏟다. ⑧ [눈살]을 찌푸리다, [양미간]을 찡그리다. She gathered her brows in a frown. 그녀는 언짢아서 눈살을 찌푸렸다. ⑨ [옷]의 주름을 잡다, 개터를 만들다. ⑩ 제본 [인쇄하여 접은 종이를] 차례대로 모으다. ⑪ ~을 늘리다, 증가(증대)시키다. gather speed 속력을 늘리다. gather speed 속력을 늘리다. gather strength 기운을 내다, 우세해지다.

1 단계: 자동사 / 타동사의 구분

우선 gather가 자동사인지 타동사인지를 파악해야 한다. 원래 gather는 자동사로도 타동사로도 쓰이지만 여기서는 지면 관계상 타동사의 경우만 살펴보기로 하겠다. 예문에서 목적어가 바로 나오므로 타동사임을 알 수 있다. 이걸 그냥 '~를 모으다, 채집하다, 수확하다'라고 따로따로 암기해서는 어느 때고 쉽게 활용하기 힘들다. 애로우 잉글리시의 원리에 따라, 주어로부터 gather하는 힘이 나와서 어떤 방향으로 목적어(대상)에 힘을 가하는가를 살펴보도록 하자.

2 단계: 기본 의미 찾기

직선적 확장 사고에 따라 주어에서 나오는 힘을 파악해야 한다. 이제 사전에 나와 있는 다양한 의미들과 예문들을 천천히 읽어나가면서 그 다양한 의미들과 예문들을 천천히 읽어 나가면서 그 다양한 의미들에 숨은 공통된 힘의 종류와 방향을 파악해보자. 가장 큰 공통분모로 드러나는 의미를 우선 찾아야 한다.

① 모으다, 끌어 모으다: 모은다는 건 여러 곳에 있는 것을 한 곳으로 가져
오는 것이다.
② 얻다, 축적하다: 여러 장소나 출처에서 가져와서 모은다.
③ 알다, 배우다, 추측하다: 어떤 말이나 내용으로부터 뭔가를 내 머릿속으
로 가져오다.
④ 꽃, 과실을 따다, 수확하다: 이 나무, 저 나무에서 꽃, 과일을 한 곳으로
가져온다.
⑤ 끌어안다: 떨어져 있는 것을 내 쪽으로 가져온다.

대충 이 정도만 되어도 공통된 의미가 모아진다. '여러 곳에서 한 곳으로 가져오다' 쯤
이 될 듯싶다. 이제 이 의미로 6번 이후에 있는 항목들에도 다 통하는지 살펴봄으로써 찾
아낸 의미가 제대로 된 공통의 기본 개념이 될 수 있는지 확인해 보자.

⑥ 가려내다, 선별하다: 필요하거나 마음에 드는 것을 여러 곳에서 한곳으
로 가져오다.
⑦ 정력, 지혜를 등을 기울이다: 몸 여러 곳에 있는 에너지, 지혜를 한 곳으
로 가져오다.
⑧ 눈살을 찌푸리다: 미간의 주름들을 한 곳으로 가져오다.
⑨ 주름을 잡다: 치마나 옷의 여러 주름을 한 곳으로 가져와 가지런히 하다.
⑩ 제본하다: 인쇄하여 접은 종이를 차례대로 한 곳으로 가져와 책으로 만
들다.
⑪ 늘리다, 증가(증대)시키다: 여러 곳에 있는 것을 한곳으로 가져옴으로써
늘어나다.

대체로 동작의 힘과 방향이 '여러 곳에서 한 곳으로 가져온다'는 공통된 기본 개념에 부합되므로 이를 기본 의미로 받아들일 수 있겠다.

자, 여기서 목적어(대상)에 직접적으로 미치는 힘의 종류를 생각해보자. 이것이 바로 타동사를 이해하는 핵심이기 때문이다. 바로 목적어에 미치는 힘은 '가져오다'이다. 대표 동사 가운데에서 이 힘은 get과 같다. 즉 gather는 get이란 대표동사에 뿌리를 둔 기본동사로 볼 수 있다. 따라서 이제부터는 gather라고 할 때 '~를 모으다'라는 우리말로 기억할 것이 아니라, 일단 주어에서 get과 같이 손이 나와 뭔가를 취한다고 생각하자.

3단계: 기본 힘의 종류에 가미된 그 동사만의 움직임 찾기

같은 분류에 들어가는 동사들과 차이를 분명히 알아 제대로 활용하는 힘을 키우는 단계이다.

gather에는 대표동사 get에 더해 좀더 세분화된 의미가 추가되었다. 그 추가된 의미가 바로 '여러 곳에서 한 곳으로'이다. 즉 get의 동작이 여러 번 적용된다는 얘기다. gather를 그림으로 그리자면 이런 모습이다.

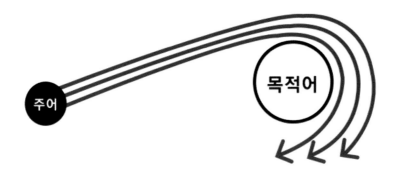

대표동사 get에서 세분화된 기본동사 gather, 그리고 여기에 좀 더 새로운 의미가 추가되어 collect, assemble 등이 파생된다. collect는

lect 는 ① get의 '입수하다/얻다' + ② gather의 '여러 곳에서 한 곳으로' + ③ '어떤 특정한 목적으로'란 의미이다. 이 '특정한 목적'으로 인해 우표나 곤충들을 수집할 때는 collect가 안성맞춤이 되는 것이다.

assemble 은 ① get의 '입수하다/얻다' + ② gather의 '여러 곳에서 한 곳으로' + ③ '여러 조각들을'이란 의미이다. 그래서 '조립하다'란 뜻으로 발전된다.

4단계: 기본 의미의 다양한 활용을 테스트하기

이제 사전에 나와 있는 다양한 목적어를 동사의 기본 의미와 결합시켜서 어떻게 다양하게 확장, 발전되는지 테스트 해본다. 동사의 기본 의미가 얼마나 강력한 것인지 음미하는 단계이다. 동사의 기본 의미가 제대로 파악되었는지 확인하고자, 일일이 원어민에게 물어볼 필요는 전혀 없다. 사전 하나면 충분하다.

일단 나와 있는 예문만 발췌해서 죽 늘어놔 본다. 그런 다음 한국어 해석을 가리고 목적어만 본 상태에서 gather가 어떤 의미일지를 유추해본다. 즉, 11개의 다양한 의미를 일일이 암기할 필요 없이 그냥 '여러 곳에서 한곳으로 가져오다'라는 의미로 새기고, 다음에 나오는 목적어를 기다리면 되는지를 확인해보자는 것이다. 그냥 gather를 만나자마자, 머릿속으로 주어에서 나오는 힘을 떠올리고, 목적어를 기다리면 된다.

이는 단순히 동사 하나를 익히는 과정에 불과하지만, 결국에 가서는 기본 동작과 방향만 일치되면 어떤 경우에서든 자유롭게 사용할 수 있는 '수퍼 동사'를 갖게 되는 과정이기도 하다.

gather
(여러 곳에서 한 곳으로 가져온다)

+ nuts (나무 열매들)
allen leaves (낙엽들)
data (자료들)
wealth (부(富))
speed (속력)
strength (기운)
flowers (꽃들)
crops (농작물들)
a person (사람) into one's arms
one's energies (힘들)
one's brows (미간)

자, gather 뒤에 어떤 목적어를 만나더라도 이제는 굳이 1번 의미인지, 2번 의미인지 고민할 필요 없이 바로 이해가 되는가? 영한사전에 나오는 11개의 의미를 각각 외워서 적용하자는 것이 아님을 명심하자. 그냥 기본 의미 하나로 만능열쇠처럼 어떤 목적어를 만나든 '주어 ▶ 동사 ▶ 목적어' 순으로 자연스럽게 이해하고 넘어갈 수 있도록 하자는 것이다.

5단계: 사전이 필요 없어지는 단계

사전에도 나오지 않는 목적어가 뒤에 붙어도 자연스럽게 문장 내에서 이해가 되는 놀라움을 경험하게 된다. 이제는 사전이 필요 없는 단계이다. 사전 없이 자동으로 의미를 파악하는 원어민들의 단어학습 수준에 이른 것이다. 저절로 발전하는 모국어 습득과 같은 단계인 것이다. 새로운 단어를 대할 때마다 무조건 스펠링과 뜻을 암기하지 말고, 먼저 애로우잉글리시 원칙에 따라 물리적 기본 동작 및 의미를 파악하고 자신만의 그림을 만들어 가라. 파악된 기본 의미와 예문을 같이 적어 놓는다면 평생 유용하게 쓸 수 있는 자신만의 소중한 사전이 될 것이다.

애로우 잉글리시 서울 강남 본원 및
전국 각지에서 **공개강연회 진행중!**

NOW!

서울 강남 본원
TEL 02) 422-7505

서울 강남구 역삼동 831-24
예미프레스티지빌딩 3층

인천 센터
TEL 070-7013-7507

인천시 남동구 구월동 1128-1
아트뷰주상복합 4층 402호

전주 센터
TEL 063) 243-0579

전주시 덕진구 우아동 2가 860-6번지
4층 4호(아중리 노동청사 부근)

부산 센터
TEL 051) 807-7505

부산광역시 부산진구 부전동 261-9
유당빌딩 3층

대구 센터
TEL 053) 745-7505

대구시 동구 신천동 337-8번지 2층
AE대구센터 (동대구역 7분 거리)

광주 센터
TEL 062) 365-7505

광주광역시 동구 필문대로 136
경원빌딩 3층

대전 센터
TEL 042) 222-7505

대전시 중구 선화동 280-2 대제빌딩 2층
(중구청역 5~6분 거리)

국내특허 등록 9건
일본 특허 등록!
중국 특허 출원!
140여개국 PCT 국제 출원

영어학습법분야 1위
애로우잉글리시가 공개하는 전치사 활용서

애로우잉글리시 전치사혁명

최재봉 지음

거꾸로 잘못 배운 전치사 바로잡기

당신이 알고 있는 전치사는 거짓말 이다!

100단어로도 영어가 되는 전치사의 비밀

애로우 잉글리시

애로우 잉글리시 전치사 혁명